KB188390

바이블 다이제스트
Bible Digest

바이블 다이제스트
Bible Digest

초판 1쇄 발행 2019년 8월 23일
초판 2쇄 발행 2019년 10월 1일

지은이 ㅣ 김성현

펴낸이 ㅣ 한정숙
펴낸곳 ㅣ 선한청지기
등 록 ㅣ 제313-2003-000358호
주 소 ㅣ 서울시 마포구 동교로 12길 41-13 (서교동)
전 화 ㅣ 02-322-2434
팩 스 ㅣ 02-322-2083
이메일 ㅣ kukminpub@hanmail.net
S N S ㅣ https://www.facebook.com/sunhanpub/

편 집 ㅣ 고은정 박주신 변규미
디자인 ㅣ 참디자인
기독교 총판 ㅣ 생명의말씀사

ISBN 979-11-87022-25-1 (03230)

Bible Digest

도표로 정리한 성경 핵심 체크

바이블 다이제스트

김성현 지음

예수께서 대답하여 이르시되 기록되었
으되 사람이 떡으로만 살 것이 아니요
하나님의 입으로부터 나오는 모든 말
씀으로 살 것이라 하였느니라 하시니

_마 4:4

선한청지기

추천사

성경 말씀으로 여는 아침은 언제나 행복하다.

하루를 하나님의 말씀으로 시작하는 것이 그날의 영적인 삶에서 승리할 것인지 실패할 것인지를 결정한다고 해도 과언이 아니다. 하나님께서는 이미 모든 것을 성경을 통해 말씀하셨다. 우리는 성경을 읽으면서 하나님의 뜻을 깨달으며, 깨달은 만큼 우리들의 삶에 적용한다. 그렇게 성경 말씀을 통해 하나님을 경험한 사람이 갖는 삶의 자세와 태도는 더욱 진지하고 충실하게 변화되어 간다.

그런데 이렇게 중요한 성경 말씀을 막상 읽으려고 하면, 여러 가지 난관에 부딪히게 된다. 특히 구약 성경을 읽어 내려가다 보면 생소한 지명, 다양한 등장인물의 이름과 역할, 이해하기 어려운 사건들을 계속해서 만나게 되기 때문이다. 이런 부분을 누군가가 설명해주지 않는다면 성경을 읽으면서도 결국 무슨 내용을 읽었는지 이해하지 못하거나, 성경 읽기 자체가 중단될 수밖에 없다. 이처럼 성경 전체의 흐름과 맥락을 이해하고 읽는 것과 그렇지 않은 것에는 큰 차이가 있다.

저자는 오랫동안 선교회에서 활동하며 20여 년간 아침마다 말씀 섭취를 소홀히 하지 않고 성경 묵상을 해왔다. 교회에서는 순장으로, 직장에서는 신우회 성경 공부로 쉬지 않고 성경을 가르쳐 온 평신도 성경 교사이기도 하다. 성경을 배우고 연구하고 가르치면서 저자는 성경 전체에 대한 그림을 간략하고 핵심적으로 보여줄 방법에 대해 끊임없이 고민해왔다. 성경을 읽을 때 누구든지 쉽게 참고할 수 있는 팁이 있다면 큰 도움이 되리라 생각하면서 그간의 노하우들을 정리해 이 책 '바이블 다이제스트'를 내놓게 되었다.

이 책은 성경을 처음 접하는 이들에게나 성경을 더욱 깊이 이해하기를 원하는 성도들에게나, 때로는 지도처럼 때로는 나침반처럼 큰 그림과 방향을 보여 주는 안내자의 역할을 충실히 감당하리라 믿어 의심치 않는다. 특히 독자들의 이해를 돕기 위해 저자가 직접 정리한 여러 도표들은 성경의 맥락을 한눈에 볼 수 있도록 일목요연하게 정리해 주고 있다. 기존에 출판된 어떤 책에도 뒤지지 않는 명쾌하고 깔끔한 자료들은 추천인 본인에게도 큰 참고가 되었다. '바이블 다이제스트'가 한국교회 성도들이 진리의 길로 나아가는 데 좋은 길라잡이가 되어 주리라 확신한다.

김경훈 목사 (온누리교회 중종로 담당)

추천사

성경이 익숙하지 않은 그리스도인들에게 성경 읽기를 권할 때, 성경을 하나의 숲에 비유해서 말하곤 한다. 등산로 입구에 가면 산 전체를 한눈에 그려 볼 수 있는 안내도가 있듯이, 성경을 읽을 때도 성경이라는 숲의 전경(全景)을 한눈에 볼 수 있는 안내도가 필요하다. 성경을 이해하는 데에는 한 부분 한 부분을 정독하는 것도 중요하지만, 성경의 큰 그림(개관)을 이해해야 세밀한 부분들을 이해하는 데 방향을 잃지 않고 바르게 나아갈 수 있기 때문이다.

이 책은 바로 성경의 숲을 간결하면서도 명료하게 볼 수 있도록 해주는 안내서이다. 특히 처음으로 성경을 읽고자 하는 독자들에게 성경 전체의 내용을 쉽게 개관하고 파악할 수 있도록 요점을 정리한 책이다.

사실 성경을 읽고자 하는 독자들에게 도움을 주는 책들이 많이 있지만, 대부분 그 내용이 너무 자세하거나 방대하여 독자들이 지레 부담이 되어 쉽게 손에 넣어 도움을 받지 못하는 경우가 많다.

이 책은 그런 부분을 감안하여 성경 내용을 너무 자세하거나 깊이 다루지 않으려고 절제하면서 성경 내용의 뼈대들을 간추려 놓았다. 그래서 독자들이 흥미를 잃지 않고 성경을 읽어 나갈 수 있도록 배려한 친절한 가이드(guide)이다. 성경을 통독하고자 하거나 성경 전체의 내용을 일별(一瞥)하고자 하는 독자들에게 이 책을 적극 추천한다.

주의 말씀은 내 발에 등(燈)이요,

내 길에 빛이니이다 (시 119:105)

이 책의 도움을 받아 성경을 읽는 독자들이 하나님의 말씀이야말로 어두운 인생길에서 방향을 안내하는 빛이 되며 매일 매일의 삶을 바르게 인도하는 등불이라는 사실을 깨닫고 경험할 수 있기를 기대하며 기원한다.

민경동 장로 (광야교회)

서문

성경이란 무엇인가? 그리스도인에게 있어서 성경은 신앙과 삶의 근본적인 토대라고 할 수 있다. 그리스도인은 복음으로 말미암아 하나님의 백성이 된 사람을 의미하는데, 그 복음은 성경을 통해서 드러날 수밖에 없다. 성경은 하나님께서 모든 성도에게 허락하신 자기 계시일 뿐 아니라 세상을 향한 하나님의 구원 계획을 드러내 주는 특별한 책이다. 그러므로 그리스도인의 정체성과 신앙적(영적) 건강은 전적으로 성경을 얼마나, 그리고 어떻게 섭취하느냐에 달려있다고 해도 과언이 아니다. 비록 그가 기도와 전도를 열심히 하고 다른 그리스도인들과 활발한 교제의 삶을 살고 있다 하더라도 성경을 외면하고 있다면 그의 영적 생명은 바람 앞의 촛불과 모래 위의 집같이 위태로울 수 있다. 왜냐하면 성경이 아닌 다른 방법으로는 결코 하나님에 대한 지식에 체계적으로 다가갈 수 없기 때문이다.

성경은 한 권의 책에 불과하지만, 이 성경을 바르게 이해하는 것은 생각만큼 쉽지 않다. 성경을 바르게 이해하지 않으면 사소하게는 개인 경건의 시간 (Quiet Time)에 잘못된 적용을 하게 될 수도 있고, 심각하게는 이단의 길에 들어

서게 될 수도 있다. 그러므로 그리스도인이라면 누구나 성경을 제대로, 또 바르게 이해하기를 갈망해야 한다. 필자는 20여 년 전 예수님을 영접한 이후 아침마다 경건의 시간을 가지며 묵상을 해오고 있지만, 초기에는 성경 구절을 잘못 이해하는 일도 많았고 그렇게 떠오른 생각을 너무 쉽게 성령의 인도하심이라 받아들였던 경험도 있었다. 매일 아침 성경 말씀을 섭취하는 것은 분명히 의미가 있지만, 더욱 건강한 그리스도인으로 성장해 가려면 올바른 성경이해에 기초해서 성령의 인도하심을 의지하여 성경을 읽어나가는 것이 꼭 필요하다. 성경을 섭취한다는 것은 성경의 내용을 단순히 파악하는 것을 훨씬 넘어서는 일이다. 즉, 성경 섭취 과정에서 독자는 자신의 이성을 통해 지적(知的)으로 내용을 이해할 뿐 아니라, 자신의 심령 안에 내주하시는 성령의 조명하심을 통해 그 내용 안에 담겨 있는 하나님의 마음을 깨닫고 내면화하게 되는 신비로운 경험을 하게 되는 것이다.

이 책에서 필자는 성경을 이해하고 내면화하는 과정 전체를 일컬어 '섭취'라는 용어로 표현하였다. 그 이유는 성경을 읽고 공부하고 묵상하고 적용하는 과정이 마치 영양분 가득한 음식을 섭취하는 것과 비슷하기 때문이다. 우리가 날마다 먹는 모든 음식물이 우리의 피와 살과 뼈를 형성하는 것처럼, 성경을 바르게 섭취하는 것은 우리의 영혼이 생명을 얻게 되는 가장 결정적인 방식이라 할 수 있다. 사람이 떡으로만 살 것이 아니라 하나님의 말씀으로 살 것이라는 주님의 말씀은 단순한 언어 유희나 비유가 아니라 우리의 영혼이 살아가는 핵심적 원리에 관한 말씀이다. 이 책의 제목 '다이제스트'(Digest)에는 성경 전체에 대한 요약이자 핵심 정리라는 의미와 함께 성경을 '섭취'하고 '소화'하는 것을 돕는 책이라는 의미도 담았다.

음식물을 섭취할 때도 올바른 섭취 방법이 있는 것처럼, 성경을 섭취하는 데에도 분명 올바른 방법이 있다. 성경을 바르게 섭취하기 위해 필자가 주목한 가장 중요한 방법은 성경의 큰 그림을 이해하면서 읽어가는 것이다. 성경의 방대한 분량과 서로 이어지지 않는 것 같은 흐름 때문에 많은 기독교인들이 성경 전체를 읽는 것을 매우 어렵게 여긴다. 설령 성경 전체를 일 년, 혹은 그 이상의 시간을 들여 다 읽었다 하더라도 그 전체적인 내용과 흐름을 이해하면서 읽기란 여간 힘든 것이 아니다. 심지어 성경을 여러 번 읽었다고 하는 성도들도 이러한 어려움을 고백하곤 한다. 이러한 난점이 발생하는 이유는 성경 전체를 큰 숲으로 바라보지 않기 때문이다. 따라서 성경을 읽을 때 이른바 통전적* 으로 성경을 이해하는 일이 꼭 필요하다.

성경을 전체적으로 읽고 이해하기 위해 교회에서 가르쳐 온 일반적인 방식은 반복적인 성경 통독, 즉 다독(多讀)이었다. 그러나 이 방식은 정말 많은 시간과 노력이 필요할 뿐만 아니라, 그런 노력을 들인 만큼 실제로 효과적인가에 대해서도 항상 긍정하기가 어려운 것이 사실이다. 이 책은 성경을 읽는 독자가 성경의 큰 그림을 머릿속에 그리면서 읽어갈 수 있도록 돕기 위해서 만들었다. 처음 성경을 읽는 초신자 뿐만 아니라, 꾸준히 성경을 읽고 있는 성도들에게도 눈앞에 있는 나무가 아니라 성경의 숲을 볼 수 있도록 도움을 주고 싶었다.

이 책은 마치 거인의 어깨 위에 올라선 난쟁이와 같이 많은 연구자들이 정리한 것을 토대로 이름 없는 한 평신도가 여러 시행착오를 거치며 체득한 성

---

* '통전적'(Holistic)이라는 말은 주로 기독교에서 사용하는 단어로써, 하나의 단어 혹은 구절에 치우치지 않고 전체적인 맥락과 주제 안에서 각 부분을 이해하려는 해석 방식을 뜻한다. '종합적' 혹은 '전체적'이라는 단어와 비슷한 의미이지만, 다소 차이가 있어 '통전적'이라는 단어를 사용하고자 한다.

경 섭취의 방법을 정리한 참고서이다. 참고서라 함은 올바른 성경 섭취를 위한 보조교재라는 의미이다. 모든 그리스도인의 권리이자 의무인 지속적이고 깊이 있는 성경 섭취에 작게나마 도움이 되고자 여러 선배들이 남겨준 성경 참고서들을 나름대로 새롭게 정리해 보았다. 또한 독자들의 이해를 돕기 위하여 도표를 많이 활용하였다. 이 책이 성경을 통해 하나님과 친밀해지고자 하는 그리스도인들에게 유익한 도구가 되길 바란다.

책에 많은 도움을 주신 에스라성경대학원대학교 민경동 총장님, 제자들교회 이귀재 형제님, 한국네비게이토선교회 곽용규 형제님, 그리고 온누리교회 중종로 공동체 김경훈 목사님과 소망 1순 형제 자매님들께 감사드린다.

지은이 김성현

Contents

제3장
성경 섭취 방법

[부 록]
성경의 책별 · 장별 개요

제1장
성경이란 무엇인가?

1.
성경의 유래

오늘날 우리가 한 권의 책으로 접하게 되는 성경은 과연 어떻게 유래된 것인가?

현재 우리가 보는 성경은 지금으로부터 약 3500년 전 모세의 기록으로부터 시작되었다. 성경 안에는 66권의 책이 들어있는데, 이는 40여 명[*]의 필자가 세 가지 언어[**]로 기록한 것이다. 성경을 쓴 사람에 대하여 저자라고 표현하기보다는 기록자(필자)라고 하는 것이 타당한데 이는 성경이 하나님의 말씀을 기록한 것이라고 성경 스스로 설명하고 있기 때문이다.[***]

성경 원전의 기록 시기는 약 B.C. 1500년경에 모세가 소위 모세오경[****]을 기록한 것을 시작으로 하여 A.D. 90년경에 신약의 마지막 책인 요한계시록이 기록되기까지 전체적으로 약 1600년이 소요되었다.

66권을 확정하여 한 권의 성경책으로 결정한 것은 서기 397년 카르타고 공의회에서다. 이 회의는 신약을 27권으로 확정하여 기존에 확정되어있던 구약 39권에 추가해서 총 66권을 성경의 정경으로 확정하였다. 구약은 예수님도 직접 인용하신 것을 보아 알 수 있듯이 예수님 시대에 이미 정경으로 받아들여지고 있었다.

---

[*] 시편의 여러 시들, 신약의 히브리서 등 몇몇 성경은 필자가 불명인 경우가 있다. 확인된 필자는 34명이다.
[**] 구약은 대부분 히브리어로 기록되었으며 일부분이 아람어로 기록되었고 신약은 헬라어로 기록되었다.
[***] 딤후 3:16) 모든 성경은 하나님의 감동으로 된 것으로 교훈과 책망과 바르게 함과 의로 교육하기에 유익하니
[****] 창세기, 출애굽기, 레위기, 민수기, 신명기

성경의 전승 및 정경화 과정

구분	내용 및 특징

구약	· B.C. 1500년에 모세가 최초로 모세오경을 기록
	  – 모세가 조상 때부터 구전으로 내려오던 전승을 기록
	
	· 이후 선지자들의 기록이 성경으로 전승
	  – 최초의 기록은 돌판, 가죽 등에 쓰였으며 이후 파피루스 등에 필사되어 많은 사본이 전승됨
	  – 가장 최근(1947년)에 발견된 사해사본도 현재의 성경과 거의 일치함
	
	· 구약 성경은 유대 사회에 전승된 것으로 큰 이견이 없었음
	  – 성경의 각 책은 랍비와 교회 지도자들에 의해 엄선, 수집, 정리, 공인되었음
	  – 예수님도 구약 성경을 인용하심

신약	· 사도들이 기록한 예수님의 행적과 교회에 보낸 편지 및 기록 등이 경전으로 읽힘 · 397년 카르타고 공의회에서 신약 27권 확정 – 신 · 구약 66권 확정

**성경은 총 66권의 책 묶음으로 약 40명의 기록자가
3개의 언어로 약 1600년 동안 기록한 책임**

2.
성경의 번역

성경 원전은 히브리어, 아람어, 그리스어(헬라어)의 세 가지 언어로 기록되었다. 구약은 히브리어와 아람어*로 기록이 되었으며 신약은 헬라어로 기록이 되었다.

성경의 최초 번역은 「70인역」(Septuagint)이라 불리는 것으로, 히브리어로 된 구약 성경을 헬라어로 번역한 것이다. 「70인역」은 B.C. 3세기경에 이집트의 알렉산드리아 지역에서 번역되었다. 이후 A.D. 405년에 성경의 라틴어 번역본이 나왔는데 이것을 「불가타」(Vulgata)라고 칭한다. Vulgata는 '대중적인', 혹은 '보통의' 라는 뜻으로써, 이 역본이 일반 대중들이 사용하는 라틴어로 되어 있다는 것을 의미한다. 불가타 성경은 몇 차례의 수정을 거쳐 로마 가톨릭의 공식 경전이 되었다.

1382년 존 위클리프는 불가타 성경을 영어로 번역하였는데 이를 「위클리프 성경」이라고 칭한다. 한편 종교개혁자 마틴 루터는 1522년과 1534년에 각각 신약과 구약을 독일어로 번역하였다. 한국어와 중국어, 일본어로의 번역은 18세기 이후 선교사들에 의해 이루어졌다.

오늘날 대표적인 영어 성경은 KJV와 NIV이며 최근에는 Message 성경이 많이 읽히고 있다. 영어의 난이도를 따지자면 Good News Bible이 가장 쉬운 영어이고 그 다음으로 NIV, KJV 순이다. 한국어 성경은 개역한글판, 개역개정판 그리고 현대인의 성경 등이 있는데 최근 교회에서는 주로 개역개정판을 많이 사용하고 있다.

※ 구약의 극히 일부가 아람어로 기록되었는데 아람어는 B.C. 500년경 이스라엘 지역의 통용어였다.

성경 번역본의 종류

번역본		연도	특징
70인역(Septuagint)		B.C. 3세기경	히브리어를 그리스어로 번역
불가타(Vulgata)		405	라틴어 번역본
위클리프 성경		1382	최초의 영어 번역본
구텐베르크 성경		1455	금속활자로 찍은 최초의 책
현대 영어	King James Version	1611	영국 제임스 왕의 명령으로 이루어진 새로운 번역
	American Standard	1901	King James의 미국 영어판
	Good News Bible	1976	현대식 영어로의 번역본
	NIV	1978	품위 있고 읽기 쉬운 번역
	ESV	2001	원문 단어의 본래 의미를 고려한 영어 번역
	Message	2002	원문을 풀어서 쓴 것(의역)
한글	로스역 성경	1887	중국어 한문을 토대로 번역
	개역한글	1961	한글 맞춤법에 맞추어 수정
	공동번역	1977	천주교와 개신교가 공동으로 번역
	현대인의 성경	1985	생명의말씀사가 번역
	개역개정	1998	고어 등을 쉬운 말로 수정
	우리말 성경	2004	두란노에서 번역
	메시지 성경	2015	Message 성경의 한글 번역

3.
성경의 구성

성경은 66권의 개별 책으로 구성되어 있다. 크게 구약과 신약* 으로 구분하고 내용에 따라 율법서, 역사서, 시문서, 예언서, 복음서, 서신서 등으로 분류한다. 구약과 신약의 구분 기준은 예수님이다. 구약은 총 39권으로 하나님이 세상을 창조하신 이야기부터 시작하여 예수님이 오시기 전까지의 기록이며 기록된 시기는 B.C. 1500년부터 B.C. 400년까지이다. 내용의 특성에 따라 율법서(5권), 역사서(12권), 시문서(5권), 예언서(17권) 이렇게 4가지로 분류하는데, 이중 예언서는 분량이 많은 대예언서(5권)와 분량이 적은 소예언서(12권)로 나누기도 한다.

신약은 예수님 탄생 이후의 기록인데 총 27권으로 구성되어 있으며 기록된 시기는 대략 서기 50년부터 90년까지이다. 신약은 주로 예수님의 행적을 기록한 복음서(4권)와 편지의 형태로 복음의 원리를 전하는 서신서(21권)로 이루어져 있으며 그 외에 역사서(사도행전)와 예언서(요한계시록)가 각각 1권씩 있다. 신약의 대부분을 차지하는 서신서는 저자에 따라 바울서신(13권)과 공동서신(8권)** 으로 구분하며 바울서신 중의 일부는 옥중서신(4권)과 목회서신(3권)으로 구분하여 분류하기도 한다.

---

* 성경을 구약과 신약(−約, Testament)이라고 하는 이유는 성경 말씀이 하나님과 인간 사이의 약속 또는 계약이라는 의미이다.
** 바울 이외의 사도가 쓴 서신서를 공동서신이라고 칭한다. 바울서신은 주로 특정 대상(교회나 인물)을 상대로 쓴 편지이고 공동서신은 불특정 다수를 대상으로 쓴 편지라는 차이점이 있다.

성경의 분류

역사서(17권)	시문서(5권)	예언서(17권)
율법서 창세기 출애굽기 레위기 민수기 신명기 **역사서** 여호수아 사사기 룻기 사무엘상 · 하 열왕기상 · 하 역대상 · 하 에스라 느헤미야 에스더	욥기 시편 잠언 전도서 아가	**대예언서** 이사야 예레미야 예레미야애가 에스겔 다니엘 **소예언서** 호세아 요엘 아모스 오바댜 요나 미가 나훔 하박국 스바냐 학개 스가랴 말라기

구약 (39권)

역사서(5권)	서신서(21권)	예언서(1권)
복음서 마태복음 마가복음 누가복음 요한복음 **역사서** 사도행전	**바울서신** 로마서 고린도전 · 후서 갈라디아서 데살로니가전 · 후서 [옥중서신] 에베소서 빌립보서 골로새서 빌레몬서 [목회서신] 디모데전 · 후서 디도서 **공동서신** 히브리서 야고보서 베드로전 · 후서 요한1 · 2 · 3서 유다서	요한계시록

신약 (27권)

4.
성경의 시대 구분

성경은 인류 역사의 처음과 끝, 즉 태초에 하나님이 인간을 창조하신 시점부터 시작하여 마지막에 새 하늘과 새 땅, 새 예루살렘의 영원한 천국까지 기록되어 있다. 따라서 성경을 읽을 때 성경이 기록된 시기와 성경이 설명하고 있는 시대를 잘 이해해야 한다.

성경의 시대를 시간순으로 구분해 보면 ①창조 시대 ②족장 시대 ③출애굽 광야 시대 ④가나안 정복 시대 ⑤사사 시대 ⑥통일 왕국 시대 ⑦분열 왕국 시대 ⑧포로 시대 ⑨포로 귀환 시대 ⑩침묵 시대 ⑪예수님 시대 ⑫성령 시대 정도로 나눌 수 있다. 각 시대별로 핵심 역사서를 보면 구약은 창세기(①,②), 출애굽기 · 민수기(③), 여호수아(④), 사사기(⑤), 사무엘상하 · 열왕기상하 · 역대상하(⑥,⑦,⑧), 에스라 · 느헤미야(⑨)의 순서로 이어져 있고 이후 침묵 시대(⑩)를 거쳐 신약은 사복음서(⑪)와 사도행전(⑫)으로 이어진다.

이러한 시대 순서에 따라 역사서를 읽어보는 것이 성경의 전체적 흐름을 파악하는 데 효과적이다. 특히 위에 설명한 18권의 핵심 역사서(창세기~사도행전)를 통해 각 시대의 특성과 흐름을 이해한 후 시문서와 예언서, 서신서들을 해당 시대와 역사적 배경을 기억하며 읽는다면 성경의 의미를 보다 정확하게 이해할 수 있을 것이다. 참고로 구약의 예언서는 모두 왕국 분열(⑦) 이후에 기록된 것이고 신약의 바울서신은 대부분 사도행전에 기록된 바울의 전도여행과 깊이 관련되어있다.

성경의 시대 구분과 관련 성경

시대	시기(인물)	관련 성경	
		핵심 역사서	기타
① 창조 시대	태초~B.C. 2000 (아담, 노아)	창세기	욥기
② 족장 시대	B.C. 2000~B.C. 1500 (아브라함)		
③ 출애굽 광야 시대	B.C. 1500 (모세)	출애굽기, 민수기	레위기, 신명기
④ 가나안 정복 시대	B.C. 1500 (여호수아)	여호수아	
⑤ 사사 시대	B.C. 1400~B.C. 1000	사사기	룻기
⑥ 통일 왕국 시대	B.C. 1000~B.C. 931 (다윗)	사무엘 열왕기 역대기*	시편, 잠언 전도서, 아가
⑦ 분열 왕국 시대	B.C. 931~B.C. 586		예언서 17권
⑧ 포로 시대	B.C. 609~B.C. 539		
⑨ 포로 귀환 시대	B.C. 536~B.C. 400	에스라, 느헤미야	에스더
⑩ 침묵 시대	B.C. 400~B.C. 4	–	
⑪ 예수님 시대	B.C. 4~A.D. 30 (예수 그리스도)	사복음서	
⑫ 성령 시대**	A.D. 30~현재	사도행전	서신서 21권
⑬ 마지막 때	–		요한계시록

---

* 열왕기에는 남북왕조 모두 기록되어 있으나 역대기에는 남쪽 유다왕국의 역사만 기록되어 있다.

** 사도행전의 오순절 성령 강림 사건 이후를 흔히 '성령 시대'라고 표현한다. 그러나 이 말은 그 이전에는 성령께서 활동하지 않으셨다가 그 시점부터 성령께서 활동하신 것을 의미하는 것은 아니다. 성령 하나님께서는 성삼위 하나님으로 태초로부터 영원까지 성부, 성자와 함께 사역해오셨고, 또 하실 것이다. 또한, 성령 시대라 칭해지는 그 시기에도 성부와 성자께서도 여전히 일하시며 구원의 역사를 이루어 가신다. 다만, 오순절 성령 강림 사건 이후 예수님께서 약속하신 성령께서 강하게 임하시고, 성도의 구원과 교회의 역사를 깊이 주관해 주셨기 때문에 사도행전을 기점으로 '성령 시대'라고 표현하는 것뿐이다.

제2장
성경 중심의 역사

1.
성경 역사 개관

오늘날 인간이 이 땅에 존재하게 된 이유는 무엇인가? 인간의 문명과 역사는 언제 시작된 것인가? 이 질문에 대한 대답은 크게 창조론과 진화론으로 대별되는데 성경은 하나님의 창조가 인류 역사의 시작이라고 기록하고 있다.

성경에 따르면 인간은 지금으로부터 약 6천 년 전* 하나님께서 우주 만물과 함께 창조하셨고 그 이후의 기록은 창세기에 차례로 나타나 있다. 성경에 따른 인류의 역사를 시간순으로 보면 B.C. 4000년경 하나님께서 아담을 창조하셨고, B.C. 3000경 노아가 태어났다. 노아가 600세 되던 해 B.C. 2400년경 홍수가 일어났고 B.C. 2000년경 아브라함이 태어났다.** 그로부터 약 500년 후인 B.C. 1500년경에 모세가 태어났고 출애굽의 사건이 일어난다. 출애굽과 정복 시대 그리고 사사 시대를 거쳐 B.C. 1000년경 다윗은 이스라엘의 왕이 된다. 다윗의 아들인 솔로몬 왕 사후에 이스라엘은 남쪽 유다와 북쪽 이스라엘로 분열되었는데 B.C. 722년경 북이스라엘은 앗수르에 멸망하고 남유다는 B.C. 586년에 바벨론에게 정복당한다.

이후 바벨론은 페르시아 제국에 정복당하고 이어 알렉산더의 헬라 제국, 그리고 로마 제국이 근동지역의 패권을 장악한다. 예수님 시대와 신약 시대는 로마 제국 시대였는데 로마는 유대 지역을 총독 또는 분봉왕을 통해 식민통치하였다.

---

* 과학계에서는 우주가 138억 년 전, 조그만 점 하나가 10^{-32}초 만에 10^{26}배만큼 커지는 사건(빅뱅)으로 시작된 것으로 추정하고 있으며 일부 그리스도인 과학자들은 창조의 7일을 우리가 인식하는 현재의 시간과 다르다고 생각하기도 한다.
** 아담, 노아 등 성경의 초기 인물들의 기록된 나이를 기초로 하여 역산하면 아담은 B.C. 4122년에 출생하였고 노아는 B.C. 3110년에, 아브라함은 B.C. 2000년에 출생한 것으로 추정된다. 이러한 연대 추정에는 여러 이견이 있고, 최근 보수적인 구약 신학자들도 창세기 초기의 역사에 관해 다양한 의견을 피력하고 있다.

성경의 시대 구분과 주요 인물

시대	시기	주요 인물	주요 사건
창조 시대	B.C. 4000	아담	
	B.C. 3000	노아	
	B.C. 2400		홍수
족장 시대	B.C. 2000	아브라함	
출애굽 시대	B.C. 1500	모세	출애굽
정복 시대		여호수아	
사사 시대		삼손	
통일 왕국 시대		사울	
	B.C. 1000	다윗	
		솔로몬	
분열 왕국 시대	B.C. 931		왕국 분열
	B.C. 722		북이스라엘 멸망
포로 시대	B.C. 586	다니엘	남유다 멸망
포로 귀환 시대		느헤미야	
침묵 시대			
예수님 시대	B.C. 4*	예수	
성령 시대	30	바울	

* A.D.(Anno Domini)와 B.C.(Before Christ)를 나눈 것은 525년경에 로마의 수도사인 디오니시우스 엑시구스 (Dionysius Exiguus, 500~550)에 의해서였는데, 그는 예수님께서 탄생하신 것으로 추정되는 해를 원년으로 삼아 그때를 '기원'으로 정한 것이다. 그러나 오늘날 성경 신학에서는 역사학의 발전과 고고학의 성과로 예수 그리스도의 실제 탄생을 '기원'보다 4년 정도 이전인 것으로 본다. 참고로, A.D.는 라틴어이고 B.C.는 영어인 이유는 A.D.를 처음 정할 당시에 B.C.에 해당하는 표기를 정하지 않았기 때문이다. A.D.는 말하자면 황제의 연호와 같은 것으로써 '예수 ~년'과 같은 표기를 하기 위해 만든 것이다. 따라서 그 당시에 B.C.는 필요하지 않았다.

2.
하나님의 창조와 족장들

(B.C. 4000 ~ B.C. 1500)

태초에 하나님이 천지를 창조하셨다. 처음 창조된 세상에는 땅, 어둠, 깊음, 물 그리고 하나님의 영이 있었다. 땅은 형태 없이 공허한 상태였고 어둠은 깊음 위에 있었으며 하나님의 영은 물 위에 움직이고 계셨다. 하나님은 창조 후 7일 동안 땅과 어둠과 물의 형태를 드러내고 분리시켜 빛을 비롯해 밤과 낮 그리고 하늘과 땅과 바다를 조성하셨으며 식물과 나무, 해와 달과 별, 새와 짐승 그리고 사람을 만드셨다.

최초의 사람인 아담은 930년을 살았고 아담이 죽은 지 약 50년 후 노아가 출생하였다. 노아의 시대에 죄악이 번성하자 하나님께서는 크게 슬퍼하시고 세상을 홍수로 징벌하기로 마음먹으셨다. 노아가 600세 되던 해에 홍수가 시작되었고 40일 동안 주야로 비가 내렸다. 홍수로 인해 세상에는 노아의 가족 8명만이 남아 새롭게 인류의 역사가 시작된다. 이때로부터 약 400년 후 아브라함이 출생하였다. 아브라함은 하나님의 부름심에 따라 고향 갈대아 우르를 떠나 하란을 거쳐 가나안으로 이주하였다.

아브라함의 후손들은 이삭과 야곱으로 이어지면서 가나안 지역에 정착하게 된다. 극심한 흉년이 들었을 때 마침 야곱의 아들 요셉이 애굽의 총리가 되어 있었기 때문에 야곱의 모든 가족은 애굽으로 이주하게 된다. 이주 당시 70명이었던 야곱의 가족은 애굽에서 약 4백 년간 노예로 거주하면서 그 인구가 60만 명*으로 크게 번성하였다.

---

* 출 12:37; 38:26

창조 시대와 족장 시대

시대	시기	주요 인물	주요 사건	성경 (창세기)
창조 시대	B.C. 4000	**아담** 가인 아벨 셋	창조 타락 살인	1~5장
	B.C. 3000	**노아** 셈 함 야벳		6장
	B.C. 2500		홍수 바벨탑	7~11장
족장 시대	B.C. 2000	**아브라함**		12장
		롯		13장
		멜기세덱		14~15장
		이스마엘	소돔 멸망	16~20장
		이삭	모리아산 제물	21~26장
		에서 야곱		27~36장
	B.C. 1885 B.C. 1876	요셉	애굽 총리가 됨 야곱 가족 이민	37~47장
	B.C. 1859		야곱 죽음	49장
	B.C. 1805		요셉 죽음	50장
	B.C. 1580		노예 생활	
출애굽 시대	B.C. 1527 B.C. 1446	**모세**	출애굽	(출애굽기)

3.
출애굽 · 광야 그리고 가나안

(B.C. 1500 ~ B.C. 1400)

이스라엘 민족이 애굽으로 이주한 지 400년가량 지났을 때 모세가 태어났다. 하나님께서는 수백 년간 애굽에서 노예로 살아온 이스라엘 민족을 구출해서 가나안 땅으로 인도하도록 모세에게 명령한다. 모세는 주저하다가 하나님의 명령에 순종하여 애굽의 통치자 바로에게 자기 민족이 안전하게 애굽을 떠날 수 있도록 해달라고 수차례 요청하였다. 그의 요청을 무시하던 바로는 열가지 재앙을 겪은 후에야 이스라엘 민족이 애굽을 떠나도록 허락한다.

모세가 이스라엘 민족을 이끌고 나와 홍해를 건널 즈음에 또 다시 변심한바로는 군대를 이끌고 그들을 쫓아왔다. 두려워하는 이스라엘 민족 앞에서 홍해가 갈라지고 그들이 바다를 무사히 건너자마자 다시 바다가 합쳐져서 쫓아오던 애굽 군대는 바닷물에 몰살당하고 만다. 2개월 후 시내산에 도착하여 이곳에서 약 1년간 머무르면서 하나님께 율법을 받고 언약을 체결하며, 성막을건설한다. 후에 1년 반을 이동하여 바란 광야(가데스 바네아)에 도착한다. 이곳에서 정탐꾼 사건으로 이스라엘 민족이 하나님께 불순종하는 태도를 보임에따라, 그들은 목적지 가나안을 코앞에 두고 약 40년간을 광야에서 방황하게된다.

모세는 가나안을 바라보며 숨을 거두고 이어서 여호수아가 지도자가 되어가나안 정복 전쟁을 완수한다. 요단강을 건너 가나안을 정복한 후 여호수아는12지파에게 땅을 분배하고 각 지파는 그 땅에 정착하여 살아간다.

출애굽 ~ 광야 ~ 정복 시대

시대	시기	주요 인물	주요 사건	성경
	B.C. 1527 B.C. 1487 B.C. 1446	**모세** 아론	모세 출생, 도망 10가지 재앙 유월절	**출애굽기** 1~2장 7~10장 11~12장
	B.C. 1446[*]		출애굽	12~15장
출애굽 광야 시대		여호수아 갈렙	만나 시내산 도착 ★언약(계명과 성막)^{**} ★언약(예배 규정) ★언약(언약 백성들과 규정) 시내산 출발/바란 광야 도착^{***} 정탐꾼 모세의 혈기 광야에서 방황 ★언약의 복습(모세의 설교)	16장 19장 19~40장 **레위기** 1~27장 **민수기** 1~9장 10~12장 13장 20장 21~36장 **신명기** 1~34장
	B.C. 1406		모세의 죽음	34장
정복 시대	B.C. 1405		가나안 정복 땅 분배 여호수아 죽음	**여호수아** 1~12장 13~21장 22~24장
	B.C. 1390			
사사 시대	B.C. 1390			사사기

* 출애굽의 시점을 B.C. 1446년이 아닌 B.C. 1220년경으로 보는 견해도 있다.
** 모세오경을 이야기와 언약(율법)이 섞여있는 한 묶음의 책으로 보기도 하는데, 스토리 중심으로 성경을 통독할 때에는 율법과 언약 부분(★표시)을 건너뛰고 읽으면 수월하다.
*** 가데스 바네아

4.
사사 시대를 지나 왕국으로

(B.C. 1400 ~ B.C. 931)

가나안에 정착한 이스라엘은 가나안 민족들이 섬기던 우상 숭배 문화에 상당한 영향을 받기 시작한다. 이 당시 이스라엘 민족의 지도자는 사사[*]들이었다. 대표적인 사사로는 드보라, 기드온, 입다, 삼손, 사무엘 등이 있다. 이방 문화의 영향을 많이 받았던 당시의 이스라엘 사람들은 이방 국가들처럼 왕의 통치를 원했다. 그리하여 지속적으로 왕을 달라고 하나님께 요구하였고, 하나님께서는 내키지 않으셨으나 그 요구를 받아주셨다.

최초의 왕은 사울이었다. 사울 왕은 여러 전투에서 승리하며 왕정체제의 기초를 잘 세워갔다. 그러나 시간이 흐를수록 교만해져 하나님께 대한 불순종과 반역이 많아지자 결국 하나님께서 그의 곁을 떠난다. 하나님이 다음 왕으로 선택한 다윗은 전쟁터에서 블레셋의 장수 골리앗을 단숨에 죽였는데, 이 사건으로 다윗의 인기가 높아지자 사울은 다윗을 질투하고 미워하며 끝내 죽이기로 마음먹는다. 하지만 사울의 추격은 그가 죽으면서 실패로 돌아간다. 다윗은 왕이 된 후 신하 장수의 아내 밧세바를 빼앗는 등 몇 가지 죄를 저지르며 인생의 후반기를 어렵게 지낸다. 그 후 다윗의 아들 솔로몬이 왕이 되어 하나님의 성전을 완성한다. 솔로몬 왕은 영토를 확장하면서 많은 이방인 아내들을 맞이하였고 이들로 인해 이스라엘에서 이방신들의 영향이 확대된다.

---

[*] 사사는 당시에 이스라엘 백성들을 다스리던 정치적, 군사적 지도자로서 이스라엘이 주변 나라들로부터 공격을 받을 때마다 하나님께서 직접 세워주셨다.

사사 시대와 통일 왕국 시대

시대	시기	사사 · 왕	주요 사건	성경
사사 시대	B.C. 1390	옷니엘	최초의 사사 갈렙의 조카 가나안 요새를 정복	사사기 3장
		에훗	왼손잡이 모압 왕을 물리침	3장
		삼갈	막대기로 6백 명 격퇴	3장
		드보라	여자 사사	4~5장
		기드온	300명의 용사와 미디안 군사를 대파함	6~8장
		입다	기생의 아들 암몬 족속을 물리침 경솔한 서원으로 외동딸을 제물로 바침	10~12장
		삼손	나실인 초인적인 힘의 소유자 블레셋을 물리침	13~16장
	B.C. 1060	사무엘	마지막 사사	삼상 1~8장
통일 왕국 시대	B.C. 1050	사울	사울, 기름 부음	9~15장
	B.C. 1040 B.C. 1025 B.C. 1020 B.C. 1017 B.C. 1010 B.C. 991 B.C. 979 B.C. 970	다윗	다윗 출생 다윗 기름 부음 다윗과 골리앗의 싸움 사무엘의 죽음 사울의 죽음/다윗 즉위 다윗과 밧세바 압살롬의 반역 다윗의 죽음	16장 ~ 삼하 24장
	B.C. 966 B.C. 931	솔로몬	성전 건축(B.C. 966~959) 솔로몬 죽음	왕상 1~11장

5.
분열 왕국 시대

(B.C. 931 ~ B.C. 586)

B.C. 931년 솔로몬 왕이 죽자 이스라엘은 북쪽의 이스라엘(북이스라엘)과 남쪽의 유다(남유다)로 분열된다. 남유다는 이스라엘의 열두 지파 중 유다 지파와 베냐민 지파가 솔로몬의 아들 르호보암을 왕으로 옹립하여 세운 나라이고, 북이스라엘은 솔로몬에 반역한 열 지파가 여로보암을 왕으로 옹립하여 세운 나라이다.

북왕국의 여로보암은 솔로몬의 혈통적 계보를 잇지 못했을 뿐 아니라 지역적으로 성전이 있는 예루살렘 지역을 영토로 갖지 못했기 때문에 왕국의 정체성에 대한 열등감이 심했다. 이로 인해 벧엘과 단에 금송아지 우상을 세우고 그것을 숭배하는 등 하나님께 반역하는 정책을 펴게 된다. 북왕국은 총 20명*의 왕이 통치를 하다가 B.C. 722년 앗수르에 의해 멸망한다(왕상 12:26~30). 북왕국의 왕들은 전반적으로 하나님께 반역적인 태도를 보였으며, 기존의 왕을 죽이고 정권을 차지하는 쿠테타가 그치지 않았다. 북왕국의 주요 왕은 여로보암, 아합, 예후, 여로보암 2세, 호세아 등인데 이중 아합이 가장 흉악한 왕으로 기록되어 있다.

한편 남왕국은 북왕국과는 달리 다윗의 계보가 끝까지 유지되었다. 남왕국은 B.C. 586년 바벨론 제국에 의해 멸망할 때까지 하나님께 충성했던 왕과 반역했던 왕이 주기적으로 나타나며 갈팡질팡하는 모습을 보였다. 남왕국의 선한 왕은 아사, 여호사밧, 요아스, 웃시야, 요담, 히스기야, 요시야 등이다.

---

* 또는 19명(디브니를 제외하기도 한다.)

분열 왕국 시대의 왕들과 성경 ①

시기	왕			성경	
				역사서	
	남왕국	북왕국	예언서	(사무엘) 열왕기	역대기
	사울			(삼상9~ 삼하24장)	대상10~ 29장
	다윗				
	솔로몬			왕상1~11장	대하1~9장
BC 931	르호보암	여로보암			
	아비얌	나답			
BC 900		★바아사**		왕상12 ~ 22장	대하10 ~ 20장
	아사*	엘라			
		★시므리			
		디브니***			
		★오므리			
	여호사밧	아합			
BC 850		아하시야			
	여호람	여호람			
	아하시야	★예후			
	아달랴				
BC 800	요아스	여호아하스	요엘****	왕하1 ~ 17장	대하21 ~ 28장
	아마샤	요아스	요나*****		
		여로보암 2세	아모스		
		스가랴			
	웃시야	★살룸			
BC 750		★므나헴	호세아		
		브가히야			
	요담	★베가			
BC 722	아하스	★호세아	이사야		

*　음영으로 표시된 아사, 여호사밧, 요아스, 웃시야, 요담, 히스기야(37p), 요시야(37p)는 선한 왕으로 평가받는다.
**　이름 앞에 ★가 있는 왕은 쿠테타를 통해 정권을 잡은 왕이다.
***　북이스라엘 왕조에서 디브니를 왕으로 보지 않는 견해도 있다(왕상 16:21~22).
****　요엘의 활동 시기를 B.C. 590년경으로 보는 견해도 있다.
*****　예언서 중 음영으로 표시된 요나, 나훔(37p), 오바댜(37p)는 이방인들에 관한 예언서다.

분열 왕국 시대를 기록한 열왕기서는 왕들의 치세를 평가하는 특별한 패턴을 보여준다. 남유다 왕들의 치세는 다윗을 기준으로 하나님께서 기뻐하신 왕과 그렇지 않은 왕을 평가해 주고 있으며, 북이스라엘 왕들은 여로보암을 기준으로 왕들의 치세를 평가한다. 특히 북이스라엘의 왕들은 전부 '여로보암 집의 죄'에서 떠나지 않고 악한 길을 간 것으로 기록되는데, 그 여로보암 집의 죄라는 것의 핵심은 벧엘과 단에 세워놓은 금송아지를 의미한다. 북이스라엘 왕들의 가장 크고 결정적인 죄는 다름 아닌 우상 숭배였던 것이다. 호세아서는 특히 이러한 북이스라엘의 우상 숭배를 '음란함' 혹은 '음행'이라 표현하면서 하나님의 경고를 준엄하게 전한다.

　구약의 모든 예언서는 바로 이 분열 왕국 시기 이후에 기록된 것이다. 그 예언들의 주된 내용은 '하나님의 징벌적 멸망이 임박했고, 나중에 메시아를 통한 회복이 있을 것'이라는 것이다. 또, 당시 이스라엘 민족을 괴롭히고 탄압했던 이웃 나라들은 이스라엘 회복의 때에 먼지와 잡초같이 사라질 것이므로 소망을 품고 인내할 것을 말하고 있다. 이러한 예언의 메시지는 마침내 완성될 하나님 나라를 바라보며 세상 속에서 살아가는 오늘날의 그리스도인에게도 동일하게 전해지는 하나님의 말씀이다.

　분열 왕국 시대부터 포로 시대 · 귀환 시대까지(B.C. 931~B.C. 400) 예언서를 기록한 선지자들을 출신 지역별로 구분하면 북왕국의 선지자는 요나, 아모스, 호세아 등이고 남왕국의 선지자는 요엘, 이사야, 미가, 나훔, 스바냐, 하박국, 예레미야 등이다. 이 중에서 요나, 나훔, 오바댜는 특별히 이방 나라들에 대한 기록인데 요나와 나훔은 앗수르의 도시인 니느웨 사람들에 대한 기록이고 오바댜는 에돔 족속에 대한 기록이다.

분열 왕국 시대의 왕들과 성경 ②

시기	왕		성경		
	남왕국	북왕국	예언서	역사서	
				열왕기	역대기
BC 722	아하스	호세아	이사야	~왕하17장	~대하28장
BC 700	**히스기야**		미가 **나훔**	왕하 18~20장	대하 29~32장
BC 650	므낫세		21장		33장
	암몬				
	요시야		스바냐	22~23장	34~35장
	여호아하스		하박국		
BC 600	여호야김			24~25장	36장
	여호야긴				
BC 586	시드기야		예레미야		
포로 시대	〈바벨론 왕〉 – 느부갓네살2세		**오바댜** 다니엘 에스겔		
포로 귀환 시대	〈페르시아 왕〉 – 고레스 – 다리오 1세		학개 스가랴 말라기	에스라 느헤미야 에스더	

6.
포로 시대와 포로 귀환 시대

(B.C. 586 ~ B.C. 400)

B.C. 722년 북왕국을 멸망시킨 앗수르*는 B.C. 612년 바벨론에 의해 정복당한다. 바벨론은 곧이어 B.C. 586년에 남왕국을 정복한다. 바벨론 제국은 식민지 주민을 포로로 끌고 와 인질로 삼는 통치방식을 사용하였다. 이에 따라 남왕국 멸망 이후 많은 이스라엘 민족들이 바벨론 지역으로 끌려가 포로 생활을 하게 된다. 포로들은 세 차례에 걸쳐 잡혀갔는데 1차(B.C. 605년경)에는 다니엘이 포함되어 있고 2차(B.C. 597년경)에는 에스겔이 끌려갔다. 3차(B.C. 586년경)는 느부갓네살 왕에 의해 예루살렘 성전이 파괴되고 남유다가 완전히 함락된 직후였다. 포로기의 삶을 기록한 선지서가 에스겔서와 다니엘서다.

B.C. 539년 페르시아가 바벨론을 정복한다. 페르시아는 바벨론과 달리 각 민족의 전통과 종교를 허용하는 식민 정책을 펼친다. 그 후 고레스 황제의 명에 따라 이스라엘 포로들은 예루살렘으로 귀환할 수 있게 된다. 포로 귀환 과정 역시 세 차례에 걸쳐 이루어졌는데 1차 귀환은 B.C. 539년 스룹바벨의 인도하에 이루어졌고, 2차 귀환은 B.C. 458년 에스라의 인도하에, 3차 귀환은 B.C. 444년 느헤미야의 주도로 이루어졌다. 예루살렘으로 귀환한 이스라엘 민족의 주된 임무는 성전을 재건하는 일이었다. 여러 어려움이 있었지만 성전과 성벽 재건은 완료된다. 포로 귀환과 성전 재건 과정을 기록한 선지서는 학개, 스가랴, 말라기이며 이 시기의 역사서는 에스라, 느헤미야, 에스더이다.

---

* 북왕국을 정복한 앗수르는 이스라엘 민족의 혈통과 종교를 말살시키기 위해 강제이주와 통혼 정책을 폈다. 이로 인해 북이스라엘 민족은 역사 속에서 사실상 사라지게 되고, 그 후손들은 사마리아인으로 불렸다. 통혼 정책으로 인해 순수한 혈통을 유지하지 못한 사마리아인들은 후에 유대인들로부터 지독한 민족 차별을 당하게 된다.

B.C. 931 ~ 4년 시기의 주요 상황 ①

시대	시기	주요 사건	내용
분열 왕국 시대	B.C. 931	왕국 분열	
	B.C. 722	북이스라엘 멸망	앗수르에 의해
	B.C. 612	앗수르 멸망	**바벨론**에 의해
포로 시대	B.C. 605	바벨론 포로	1차 포로 : 다니엘과 세 친구
	B.C. 597		2차 포로 : 에스겔과 1만 명
	B.C. 586		3차 포로 : 시드기야 왕 등
	B.C. 586	남유다 멸망	바벨론에 의해
	B.C. 539	바벨론 멸망	**페르시아**에 의해
포로 귀환 시대	B.C. 539	고레스 칙령	포로 귀환 명령
	B.C. 539	포로 귀환	1차 귀환 : 스룹바벨(성전재건)
	B.C. 458		2차 귀환 : 에스라(영적재건)
	B.C. 444		3차 귀환 : 느헤미야(성벽재건)
침묵 시대	B.C. 331	페르시아 멸망	알렉산더 대왕의 원정 **헬라 제국** 탄생
	B.C. 323	알렉산더 죽음 헬라 제국 분열	※ 유대 지배 셀류커스 → 프톨레미 → 셀류커스 왕조(B.C. 197~)
	B.C. 166	마카비 혁명	유대 독립(B.C. 166~B.C. 63)
	B.C. 146	**로마 제국** 부상	포에니 전쟁에서 로마 승리
	B.C. 63	예루살렘 정복	폼페이우스에 의해 헤롯 안티파터 2세*의 협력
	B.C. 43	힐카누스 2세 반란	헤롯 안티파터 2세 독살 큰아들 파사엘 사망 둘째 헤롯은 로마로 피신
	B.C. 40	안티고누스의 반란	안토니우스가 헤롯을 유대의 왕으로 임명
	B.C. 37	반란 진압	안티고누스 처형 헤롯이 유대로 입성
예수님 시대	B.C. 4	예수님 탄생	헤롯 대왕 유아 학살령 내림 예수님 가족 이집트로 피신
		헤롯 대왕 죽음	예수님 가족 귀향 헤롯의 세 아들이 분봉왕 됨

---

* 헤롯 대왕의 아버지

7.
침묵 시대

(B.C. 400 ~ B.C. 4)

말라기를 마지막으로 구약 성경의 기록은 끝나고 예수님 오실 때까지 약 400년간의 침묵 시대가 도래한다. 이 시기에 이스라엘 주변 지역의 정치세력은 커다란 재편 과정을 거친다. 분열 왕국 시대 이후 근동지역의 패권세력을 정리하면 B.C. 800년경 앗수르 제국이 출현하여 이 지역의 패권을 차지한다. 앗수르는 이후 B.C. 722년 북이스라엘을 정복하며 세력을 떨쳤으나 B.C. 612년 바벨론에 의해 멸망하고 바벨론은 앗수르 정복 후 B.C. 586년 남유다를 정복한다. 그리고 약 50년 후 B.C. 539년 페르시아가 바벨론을 정복한다.

페르시아는 B.C. 331년 알렉산더 대왕*의 공격을 받고 멸망하는데 알렉산더는 매우 짧은 시간 동안 제국을 형성하고 나서 B.C. 323년에 죽는다. 알렉산더는 죽었으나 알렉산더가 이룩한 헬라(그리스) 제국은 지중해 인근 모든 지역의 정치와 문화를 지배하였고 예수님 오시기 직전의 주된 언어와 문화를 형성하였다. 알렉산더의 죽음 이후 헬라 제국은 4개의 왕조로 분열되었다가 B.C. 146년 포에니 전쟁에서 로마의 군대가 한니발 장군의 카르타고를 물리치고 지중해의 패권을 장악하면서 마침내 로마 제국이 헬라 제국의 패권을 이어받는다. 이때부터 로마 제국은 역사상 가장 강력하고 광대한 국가로 발전한다. 예수님의 시대는 이렇게 준비되었다.

---

* 알렉산더 대왕은 B.C. 336년 마케도니아의 왕으로 즉위한다. 이후 그는 페르시아 제국을 무너뜨리고 남쪽으로는 이집트까지 동쪽으로는 인도 부근까지 정복하며 헬라 제국을 건설하였으나 B.C. 323년 33세의 젊은 나이로 급작스럽게 사망한다. 알렉산더 대왕이 페르시아를 정복할 당시 페르시아의 왕은 다리우스 3세이다.

B.C. 931 ~ 4년 시기의 주요 상황 ②

시대	연도	주요 사건	근동지역 패권세력	유대지역 통치세력	
분열 왕국 시대	B.C. 931	왕국 분열	앗수르	북이스라엘	남 유 다
	B.C. 722	북왕국 멸망 (앗수르에 의해)			
	B.C. 612	앗수르 멸망		앗수르	
포로 시대	B.C. 605~	바벨론 포로	바벨론	바벨론	
	B.C. 586	남왕국 멸망 (바벨론에 의해)			
	B.C. 539	바벨론 멸망			
포로 귀환 시대	B.C. 539	고레스 칙령	페르 시아	페르시아	
	B.C. 539~ B.C. 444	포로 귀환			
	B.C. 331	페르시아 멸망			
침묵 시대	B.C. 323	알렉산더 죽음 헬라 분열	헬라 제국	헬라 셀류커스 프톨레미 셀류커스	
	B.C. 166	마카비 혁명		마카비 독립	
	B.C. 146	로마의 포에니 전쟁 승리	로마 제국		
	B.C. 63	폼페이우스의 정복		로마 헤롯 대왕	
	B.C. 43	힐카누스 2세 반란			
	B.C. 37	헤롯 대왕의 통치			
예수님 시대	B.C. 4	예수님 탄생			

헬라·로마 시대에 유대 지역은 가장 통치하기 힘든 지역이었다. 이스라엘 민족의 반란이 끊이지 않았는데 대표적인 것이 헬라 제국에서 로마 제국으로 패권이 넘어가던 시기에 있었던 마카비 혁명이다. 마카비 혁명으로 이스라엘은 약 100년(B.C. 166~B.C. 63) 동안 독립을 쟁취하였다.

로마 제국은 B.C. 63년 1차 삼두정치[*] 멤버 중의 하나인 폼페이우스가 유대 지역을 정벌함에 따라 마카비 정권은 마침표를 찍는다. 이 폼페이우스의 정벌에 헤롯 안티파터 2세가 협력하였고 그 공으로 안티파터는 로마 통치의 유대 집정관이 된다. 폼페이우스의 정벌에도 불구하고 유대 지역에서는 반란과 내전이 끊이지 않았는데 B.C. 40년경 다시 대규모 반란이 발생한다. 이번에는 2차 삼두정치^{**}의 멤버인 안토니우스^{***}가 안티파터 2세의 아들 헤롯의 도움으로 반란을 진압하였고 헤롯은 유대 왕이 된다. 이 헤롯 대왕은 B.C. 4년 예수님 탄생 직후에 죽고 그의 세 아들이 분봉왕으로 유대 지역을 나누어 통치한다.^{****}

유대 지역의 분봉왕 아켈라오는 폭압 정치를 일삼다가 쫓겨나고 로마는 이 지역에 빌라도 총독을 통한 직접통치를 결정한다. 그리하여 예수님 시대에는 빌라도 총독과 분봉왕 안티파스, 빌립이 이 지역을 나누어 통치했다.

---

* B.C. 60년 카이사르와 폼페이우스, 그리고 크라수스가 맺은 삼자 동맹을 가리켜 1차 삼두정치라고 한다. 이후 크라수스가 전사하고 B.C. 48년 카이사르는 폼페이우스를 죽이고 단독 통치자가 된다.
** 2차 삼두정치는 B.C. 44년 카이사르가 측근인 브루투스에 의해 암살된 직후인 B.C. 43년에 옥타비아누스와 안토니우스, 레피두스에 의해 이루어졌다. B.C. 31년 악티움해전에서 옥타비아누스가 안토니우스와 클레오파트라 연합군을 물리치고 황제가 된다.
*** 안토니우스와 폼페이우스는 가장 통치하기 어려운 유대지역 반란을 성공적으로 진압하였지만, 두 사람 모두 이후 정치적 라이벌에 의해 죽게되는 운명을 맞이하게 된 것은 흥미롭다.
**** 유대 지역은 아켈라오가, 갈릴리와 베레아 지역은 안티파스가, 갈릴리 북동지역은 빌립이 분봉왕이 되어 통치하게 된다. 갈릴리 분봉왕 안티파스는 동생(빌립)의 아내를 빼앗고 세례 요한을 죽인 자이며, 빌라도가 예수님의 십자가형을 선언하기 전에 갈릴리 출신인 예수님의 재판을 요청한 사람이기도 하다.

B.C. 100년 전후 로마의 정치 상황과 헤롯 일가

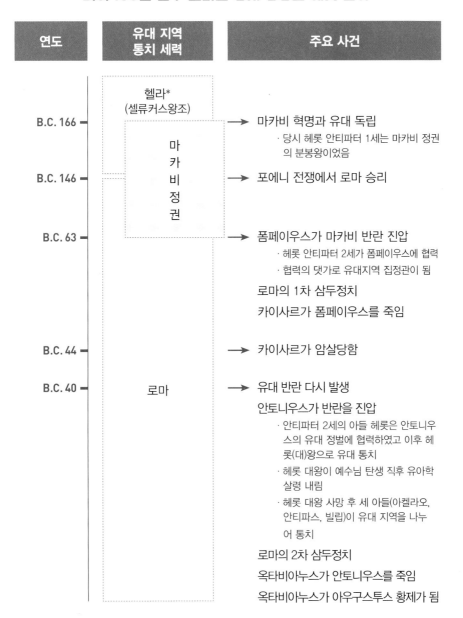

연도	유대 지역 통치 세력	주요 사건
	헬라* (셀류커스왕조)	
B.C. 166	마 카 비 정 권	마카비 혁명과 유대 독립 · 당시 헤롯 안티파터 1세는 마카비 정권의 분봉왕이었음
B.C. 146		포에니 전쟁에서 로마 승리
B.C. 63		폼페이우스가 마카비 반란 진압 · 헤롯 안티파터 2세가 폼페이우스에 협력 · 협력의 댓가로 유대지역 집정관이 됨 로마의 1차 삼두정치 카이사르가 폼페이우스를 죽임
B.C. 44	로마	카이사르가 암살당함
B.C. 40		유대 반란 다시 발생 안토니우스가 반란을 진압 · 안티파터 2세의 아들 헤롯은 안토니우스의 유대 정벌에 협력하였고 이후 헤롯(대)왕으로 유대 통치 · 헤롯 대왕이 예수님 탄생 직후 유아학살령 내림 · 헤롯 대왕 사망 후 세 아들(아켈라오, 안티파스, 빌립)이 유대 지역을 나누어 통치 로마의 2차 삼두정치 옥타비아누스가 안토니우스를 죽임 옥타비아누스가 아우구스투스 황제가 됨

* 당시 헬라 제국은 안티고누스 왕조(유럽지역), 프톨레미 왕조(애굽지역), 셀류커스 왕조(시리아지역) 등 3개로 분열되어 있었다. 이스라엘 지역은 초기에는 셀류커스가, B.C. 301년부터는 프톨레미가, 그리고 B.C. 198년부터는 다시 셀류커스가 지배했다.

8.
예수님 시대
(B.C. 4 ~ A.D. 30)

가. 예수님의 탄생과 어린 시절(B.C. 4 ~ A.D. 26)

B.C. 4년 베들레헴에서 예수님이 탄생하신다. 예수님의 부모인 요셉과 마리아는 로마 황제의 명에 따라 진행되고 있던 인구 조사(호적령)에 응하기 위해 갈릴리 나사렛을 떠나 고향인 베들레헴으로 갔다. 하지만 인구 조사를 마친 후 예수님 가족은 곧바로 나사렛으로 돌아가지 못했다. 왜냐하면 메시아 (왕)의 탄생 소식을 알게 된 동방박사들이 예수님을 찾아왔고 이로 인해 당시 유대의 왕이었던 헤롯 대왕이 메시아의 탄생 소식을 접하게 되었기 때문이다. 당시 이 지역의 통치자였던 헤롯 대왕은 이 소식을 위협적인 것으로 받아들였고 이로 인해 두 살 이하의 아기를 모두 죽이라는 명령을 내린다.

예수님 가족은 이 학살 명령을 피해 애굽으로 피신하였고 얼마 후 헤롯 대왕이 죽었다는 소식을 듣고 나사렛으로 돌아온다. 예수님은 직업이 목수였던 아버지 요셉을 따라 목수 일을 도우며 나사렛에서 성장했다.

어린 시절 예수님과 관련된 기록은 두 가지가 있다. 첫째가 어린 예수가 자라면서 영적, 지적, 사회적, 육체적으로 균형 잡힌 성장을 했다는 것이고(눅 2:40,52) 둘째는 12세(A.D. 8년)에 당시 풍습에 따라 예루살렘의 성전을 방문하여 랍비들과 성경에 관해 대화를 나눴다는 기록이다(눅 2:41~47).

신약 시대 개관

연도	주요 사건	시대 구분
B.C. 4	예수님 탄생 애굽으로 피신 헤롯 대왕 죽음 나사렛으로 귀환	예수님 私생애 기간
A.D. 8	예루살렘 방문	
26	첫 번째 유월절 두 번째 유월절 세 번째 유월절 · 갈릴리 사역 기간 네 번째 유월절 · 십자가에서 죽으심 · 부활 후 승천	예수님 公생애 기간
30	성령 강림, 스데반 순교, 바울 회심	성령 시대
46	바울의 1차 전도여행 2차, 3차 전도여행 로마행	
67	바울 순교	
95	요한 유배, 요한계시록 기록	

나. 예수님의 공생애(A.D. 26 ~ A.D. 30)

A.D. 26년, 예수님이 30세 정도 되었을 즈음에 공생애가 시작된다. 공생애의 시작은 예루살렘 근처 요단강에서 요한에게 세례를 받는 것이었다. 세례를 받으신 직후 40일간 광야에서 금식 기도하셨고, 사탄의 시험을 받으셨다.

갈릴리로 돌아간 예수님은 모친의 요청으로 가나의 혼인 잔치에 참석하여 물로 포도주를 만드는 첫 번째 기적을 행하신다. 그 후 A.D. 27년 공생애 후 첫 번째 유월절을 보내기 위해 예루살렘을 방문하여 약 8개월간 머무른다. 예루살렘에서 니고데모의 방문을 받는데, 니고데모는 중생(重生)의 뜻을 묻고 예수님은 그에게 거듭남에 대하여 설명해 주신다. 그러나 니고데모는 그 설명을 이해하지 못한다.

이즈음에 헤롯이 동생의 아내인 헤로디아를 가로챈 것을 세례 요한이 비난하자 헤롯은 세례 요한을 체포한다. 세례 요한이 체포되자 예수님도 신변의 위협을 느껴 갈릴리로 돌아가신다. 갈릴리로 돌아가는 중에 예수님은 사마리아 지역의 '수가'라는 성에 들러서 한 여인을 만나 대화하셨는데, 그 대화를 통해 여인은 예수님을 메시아로 믿고 구원을 받게 된다. 갈릴리의 가버나움에 사역의 중심 터를 세우고 그곳을 중심으로 사역을 펼치신다.

A.D. 28년, 공생애 두 번째 유월절을 맞이하여 예수님은 다시 예루살렘으로 향하신다. 이 행로 중에 베데스다 연못에서 병자를 고치고 종교 지도자들과 안식일에 대한 논쟁을 한다. 안식일 논쟁에 이어 예수님께서 하나님을 친아버지라고 칭하시면서 갈등과 긴장이 극대화된다. 이후에도 계속해서 예수님은 안식일 규정 준수 문제와 하나님을 아버지라 부르거나 스스로 하나님과 동일한 존재라 주장하는 맥락에서 유대 종교 지도자들과 극심한 갈등을 겪게 된다.

예수님의 공생애 ①

연도	주요 사건	활동 지역
A.D. 26	세례, 시험받음	유대지역
	제자들 부르심	갈릴리
	가나 혼인 잔치, 가버나움 방문	
27	유월절을 맞아 예루살렘 방문 · 니고데모 방문, 세례 요한의 체포 · 갈릴리로 돌아가는 길에 　사마리아 여인 만남 · 가버나움 사역	예루살렘 갈릴리
28	두 번째 유월절 · 베데스다 연못에서 병자를 고침 · 안식일 논쟁	예루살렘
29	대중 사역 · 1차 사역 : 열두 제자 확정, 산상수훈 · 2차 사역 : 하나님 나라의 비유, 　　　　　　 풍랑을 잔잔케 하심, 　　　　　　 회당장 딸 살리심 · 3차 사역 : 열두 제자에게 사역 설명 제자 사역 · 1차 사역 : 오병이어, 물 위를 걸으심 · 2차 사역 : 수로보니게 여인, 　　　　　　 4천 명을 먹이심 · 3차 사역 : 고난과 부활 예고, 변화산	갈릴리 (갈릴리 대사역)

유월절을 지내시고 다시 갈릴리로 돌아온 예수님은 이때부터 약 1년 동안 (A.D. 28년 ~ A.D. 29년) 집중적인 사역을 펼치신다. 이 시기의 사역을 '갈릴리 대사역'이라고 칭한다(47p 표 참조). 이 시기 동안에 예수님은 각종 치유 사역을 행하시며 대중 사역을 펼치셨고 동시에 열두 제자를 확정하셔서 그들에게 하나님 나라를 가르치시고 여러 표적을 보이시는 등 제자 사역을 행하신다. 이 시기에 주요한 가르침은 산상수훈과 하나님 나라의 비유, 고난과 부활의 예고, 그리고 변화산 사건 등이 있었다. 또한 예수님께서는 풍랑을 잔잔하게 하시고 회당장 야이로의 딸을 살리셨고 물 위를 걸으셨으며 오병이어, 칠병이어의 사건도 이 시기의 일이다.

A.D. 29년 10월 예수님은 갈릴리 사역을 정리하시고 예루살렘으로 이동한다. 이때부터 마지막 유월절까지의 시기를 '후기 유대 사역'과 '베레아* 사역'으로 칭한다. 예루살렘에서 초막절**을 보냈는데 이때 간음한 여인을 용서하셨고 날 때부터 소경인 자를 치유하셨으며, 72명을 짝지어 복음을 전하도록 파송하기도 하셨다.

갈릴리로 이동하시던 중에 죽은 나사로를 살리셨고 베레아 사역기에는 이혼에 대한 질문에 대답하셨고 부자 청년을 만나 대화하셨으며 다시 한번 고난과 부활에 대한 예고를 하셨다. 이 시기에 유대의 종교 지도자들은 예수님을 죽이기로 공모를 한다.

---

* 베레아는 사해 북동부 지역을 일컫는 용어로써 복음서에서 "요단강 건너편"이라고 주로 표현된다(마 4:25; 막 10:1).
** 초막절은 유월절, 오순절(맥추절, 칠칠절)과 함께 구약시대의 3대 절기이며, 장막절 또는 수장절이라고도 불린다. 시기상 첫 수확을 하는 10월경이어서 현재의 추수감사절과 비슷하다.

예수님의 공생애 ②

연도	주요 사건	활동 지역
A.D. 29	초막절에 예루살렘으로 이동 간음한 여인을 용서 날 때부터 소경이었던 사람 치유 72인 파송	유대 지역 (후기 유대 사역)
30	갈릴리로 이동 　· 죽은 나사로를 살림 　· 하나님 나라의 도래에 관한 질문 이혼에 대하여 부자 청년 만남 고난과 부활에 대한 예고 소경 바디메오를 고침 산헤드린의 음모	베레아 (베레아 사역)
	나귀 타고 입성 마지막 한 주 　· 성전 정화 　· 세족식, 최후의 만찬 　· 새 계명(서로 사랑하라)을 주심 십자가 처형 부활, 승천	예루살렘

A.D. 30년 4월, 유월절 일주일 전 예수님은 예루살렘에 나귀를 타시고 입성하신다. 이 한 주 동안 가장 극적인 일들이 있었다. 예루살렘에 입성하신 예수님은 성전을 방문하여 그곳에서 장사하는 자들을 쫓아내셨으며, 이어 제자들의 발을 씻기시고 최후의 만찬을 함께 하셨고 "서로 사랑하라"는 새 계명을 주셨다. 최후의 만찬이 끝난 후 야심한 밤에 가룟 유다는 예수님이 계신 곳을 제사장에게 알리고 제사장은 군대를 보내어 예수님을 체포한다. 재판정으로 끌려가는 예수님 뒤를 멀찍이 따라가던 베드로는 예수님의 예언대로 세 번이나 주님을 부인하고 만다.

예수님의 재판을 담당한 당시 유대 총독 빌라도는 이스라엘의 제사장들이 주장하는 예수님의 죄목에 대한 확신이 없었다. 그리하여 예수님을 석방시킬 여러 가지 방안을 강구하였으나 제사장들은 극렬하게 반발하였다. 예수의 십자가형을 외치는 군중 앞에서 유대 지역 총독인 빌라도는 두려움을 느꼈다. 마침내 빌라도는 제사장들의 요구대로 예수님의 십자가형을 선언한다. 채찍질과 모욕을 당하시며 십자가에 달리신 예수님은 숨을 거두셨다. 그때 천둥과 번개와 지진이 있었고 성전의 휘장이 위에서 아래로 찢어졌다.

로마 군인이 창으로 예수님의 옆구리를 찔러 사망을 확인하였고 이후에 아리마대 요셉이 예수님의 시체를 무덤에 장사지내도록 요청하자 군인들은 이를 허락한다. 무덤에 장사 지낸 지 3일째 되는 날, 즉 안식일 다음 날 예수님은 부활하신다. 부활 후 40일간 제자들에게 나타나셔서 가르치시다가 하늘로 승천하신다. 승천하신 예수님의 마지막 메시지는 "너희는 가서 모든 족속으로 제자를 삼으라"(마 28:19~20)는 것이다. 이것을 예수님의 지상사명(至上使命, The Great Commission)이라 일컫는다.

예수님의 마지막 일주일(고난주간)

요일	주요 사건
일요일	군중들이 예수님의 예루살렘 입성을 환영함
월요일	예수님이 지도자들에게 화를 내시고 성전에서 장사하는 자들을 쫓아내심
화요일	예수님이 유대 지도자들의 위선을 책망하심
수요일	유다가 뇌물을 받고 예수님 체포에 협력하기로 함
목요일	제자들의 발을 씻기심 최후의 만찬 새 계명(서로 사랑하라)을 주심 유다가 예수님을 배반 체포 베드로는 예수님을 세 번 부인
금요일	재판 [08:00경] 빌라도가 예수님의 십자가형 선고 [09:00경] 십자가에 못 박히심 [12:00경] 어둠이 땅을 덮음 [15:00경] 예수님이 죽으심 [18:00경] 예수님의 시신을 무덤에 안치함(아리마대 요셉의 무덤)

예수님의 공생애를 기록한 네 권의 사복음서는 공통되고 중복되는 부분도 많이 있지만 나름 개별적인 특징과 의미를 지닌다. 복음서들 중에 마태복음, 마가복음, 누가복음의 세 권은 관점이 같다고 하여 공관(共觀)복음으로 불린다. 이 공관복음서는 주로 예수님의 갈릴리 사역을 중심으로 기록되었다. 한편 요한복음은 공관복음과 달리 유대 지방에서 행하신 사역을 중심으로 기록되었다. 사복음서는 모두 예수님의 마지막 한 주에 대하여 집중적으로 기록하였다. 각 복음서에 기록된 예수님의 마지막 한 주간의 비중은 마태복음이 29%, 마가복음이 38%, 누가복음은 25%, 요한복음은 48%이다(장수 기준).

마태복음의 저자 마태는 유대인 사회에서 매우 천시받던 세리(세무 공무원) 출신이었는데, 그는 이 책을 주로 유대인들을 대상으로 썼다. 따라서 아브라함의 족보로부터 시작되며 예수님이 다윗 왕의 후손임을 강조하였고 성경에 예언되었던 유대인의 왕, 즉 메시아로 오신 예수님의 모습을 설명하였다.

마가복음의 저자 마가는 이 책을 로마의 그리스도인을 대상으로 썼으며 순종과 희생의 종으로 오신 예수님을 강조하였다.

누가복음의 저자 누가는 헬라인이자 의사였다(골 4:14). 이 책의 주된 독자는 헬라인을 비롯한 이방인이라 할 수 있다. 누가는 여성과 이방인 같은 사회적 약자들을 예수께서 어떻게 대하셨는지에 대해 상당히 비중 있게 다룬다. 누가복음과 사도행전은 데오빌로라고 불린 사람에게 보낸 편지인데, 그는 로마의 고위 관료였을 것으로 보인다.

요한복음의 저자 요한은 어부 출신이며 베드로, 야고보와 함께 예수님께 가장 사랑을 많이 받았던 제자 중 한 명이다. 요한은 모든 이방인을 대상으로 이 책을 썼다. 예수님이 하나님이시라는 것을 매우 강조하는 복음서라 할 수 있다.

사복음서 비교

	마태복음	마가복음	누가복음	요한복음
	공관복음			요한복음
저자 (원직업)	마태 (세리)	마가	누가 (의사)	요한 (어부)
집필 시기[*]	67년경	65년경	67년경	85년경
대상	유대인	로마인	헬라인	이방인
예수님의 모습	왕	종	인자	하나님

장별내용비교	마태복음	마가복음	누가복음	요한복음
탄생	1~2장	–	1~2장	1장
족보	1장	–	3장	–
세례. 시험	3~4장	1장	4장	1장
초기 사역	4장 (8,9,12장)	1~3장	4~6장	2~5장
갈릴리 사역	5~18장	3~9장	7~9장	6장
후기 사역	19~20장	10장	10~19장	7~11장
마지막 주 (비중)	21~28장 (29%)	11~16장 (38%)	19~24장 (25%)	12~21장 (48%)

* 사복음서의 집필 순서는 마가복음이 가장 먼저 기록되었고 이 마가복음을 참고하여 마태복음과 누가복음이 기록된 것으로 보는 견해가 일반적이다. 가장 나중에 기록된 요한복음은 마태ㆍ마가ㆍ누가복음에서 기록하지 않은 예수님의 행적을 상당수 기록하였다. 사복음서의 상호 관계에 대해서는 다음을 참고하라. 존 골딩게이, 『성경을 만나다』, (손승우 역, 성서유니온선교회, 2019), 114-115p.

9.
성령 시대

(A.D. 30 ~ 현재)

가. 사도 시대(A.D. 30 ~ A.D. 95)

예수님의 승천 이후 첫 오순절에 예수님의 약속대로 성령님이 강림하신다. 수많은 군중 앞에서 이루어진 성령강림은 지중해 인근 여러 나라에 흩어져 살다가 모인 유대인들에게 그야말로 경이로운 경험이었다. 성령강림 사건 후 이어진 베드로의 설교로 단번에 3천 명이 회개하고 예수님을 영접한다.

성령강림 이후 교회가 급성장하게 되면서 교회에 대한 유대인들의 핍박도 강해진다. 이 시기에 스데반 집사가 유대인들의 종교 재판으로 순교했고, 예수님의 제자 야고보는 공권력에 의해 공식적으로 처형당하면서 순교했다. 베드로 역시 수차례의 투옥을 겪어야만 했다. 이러한 핍박을 피해 그리스도인들은 유대와 사마리아 전 지역으로 흩어지게 되는데 이것이 이방 전도의 시작이다. 이 즈음에 바울(사울)이 등장한다. 유대교인이었던 바울은 유대 교리에 반하는 기독교의 확산에 분개하여 그리스도인들을 핍박하고 죽이는 일에 앞장선다. 예루살렘에서 스데반의 순교를 목격한 후 다마스커스(다메섹)를 향해 가던 그는 행로 중에 하늘에서 부르시는 예수님을 만난다. 이 극적인 만남으로 바울은 회심하고 이후 약 30여 년간 이방 선교에 중추적인 역할을 한다.[*] 바울은 세 차례의 전도여행 이후 체포되었는데 스스로 로마 황제의 재판을 선택하여 로마에 이른다. 로마감옥에서 편지와 교제로 사역을 계속하다가 A.D. 67년경 순교한다.

---

[*] 이 시기에 베드로도 환상을 통해 이방인인 고넬료를 전도하면서 이방 전도가 본격화된다.

사도 시대 주요 사건들

연도	주요 사건	사도행전
A.D. 30	예수님 승천	1장
	오순절 성령강림	2장
	– 베드로 설교, 3천 명 회개 영접	
	아나니아와 삽비라의 죽음	5장
	일곱 집사 선출	6장
35	스데반의 순교	6장~7장
	빌립의 선교	8장
	사울의 회심	9장
	바울이 아라비아에서 3년간 사역	9장
40	고넬료의 개종	10장
	바나바와 바울이 안디옥에서 목회	11장
	사도 야고보의 순교	12장
46	바울의 1차 전도여행(46~49)	13장~15장
	예루살렘 공의회	15장
	바울의 2차 전도여행(50~53)	15장~18장
	바울의 3차 전도여행(54~58)	18장~21장
60	바울의 체포와 로마압송, 투옥(58~60)	21장~28장
	로마 대화재	
	베드로 순교, 바울 순교	
70	예루살렘 성전이 파괴됨	

신약 시대의 핵심 인물인 바울은 당시 헬라 철학의 중심지인 길리기아 다소의 유력한 유대 가문 출신이다. 또한 당대 최고의 율법 학자인 가말리엘의 문하생이자 로마 시민권자였다.

바울의 본명은 사울인데 사울이 처음으로 성경에 등장하는 순간은 사도행전 7장 스데반의 순교 직후이다. 사울은 당시 유대 교리에 따라 이단으로 생각되던 그리스도인들을 말살하려고 각처를 다니던 중이었다. 이단 종파의 괴수 중 하나인 스데반을 처단하는 현장에서 스데반의 설교(변론)를 듣고 그가 돌에 맞아 순교하는 광경을 목격한다.

스데반의 죽음 직후 사울은 전과 같이 그리스도인을 핍박하기 위해 다마스커스(다메섹)로 향한다. 이 다마스커스로의 행로 중에 사울은 하늘에서 예수님의 음성을 듣고 회심한다.

사울은 회심하였으나 당시 사도들은 그동안 사울의 핍박을 알고 있는 터라 그를 믿지를 못한다. 그리하여 사울은 아라비아에서 그리고 고향 다소에서 10여 년간 홀로 광야 생활을 하게 된다. 이러한 사울을 바나바가 인도하여 안디옥 교회에서 사도들과의 동역하기 시작한다. 안디옥에서 바울[*]은 이방 복음화의 사도로서 전심전력을 다한다. 이 기간 동안 모두 다섯 차례의 전도 여행을 하였고 13권의 서신서를 집필했으며 이후 로마의 토굴 감옥에 갇혀있다가 67세에 참수형을 당하면서 순교한다.

---

[*] 사울이 바울로 바뀌는 시점은 그가 이방 전도를 본격적으로 시작하는 때이다(행 13장). 사울은 히브리식 이름이고 바울은 헬라식 이름이어서 바울로의 개명은 보다 편리한 이방 선교를 위함이었다.

사도 바울의 일생(A.D. 1 ~ 67)

연도	주요 사건	내 용
1	출생	길리기아의 다소에서 출생 – 베냐민 지파. 나면서부터 로마 시민권 가짐. – 당대 최고인 가마리엘 문하에서 교육받음
31	스데반 순교	철저한 바리새파로 기독교 박해에 앞장섬 – 스데반의 재판과 처형에 입회함
32	회심	그리스도인을 핍박하러 예루살렘에서 다메섹으로 가던 중 예수님을 만나 회심함
32	아라비아	3년간 다메섹 동남부 지역에서 전도자로 생활
34	예루살렘방문	제자들을 만나러 예루살렘을 방문하지만 제자들이 외면함(바울의 회심을 믿지 못함)
35	고향 다소로 감	고향에서 10년간 광야의 생활 – 하나님의 훈련 기간
44	안디옥 사역	바울과 바나바는 안디옥 교회에서 동역(44~45년)
46	1차 전도여행	46~49년 방문 도시 : 비시디아 안디옥, 루스드라, 이고니온 갈라디아서 집필(안디옥에서)
50	2차 전도여행	50~53년 주요 방문도시 : 고린도, 빌립보 데살로니가전후서 집필(고린도에서)
54	3차 전도여행	54~58년 주요 방문도시 : 에베소, 고린도, 마케도니아 고린도전서(에베소에서), 로마서(고린도에서), 고린도후서(마케도니아에서) 집필
58	로마행(4차 여행)	58~60년
60	가택연금	60~62년 옥중서신 집필 : 에베소서, 골로새서, 빌레몬서, 빌립보서
62	일시 석방 5차 전도여행	62~64년 디모데와 디도를 데리고 스페인 지역 선교
65	2차 투옥	디모데후서 집필
67	순교	토굴에서 힘겨운 감옥 생활을 하다 순교

바울은 세 차례의 전도여행과 로마행 중에 편지를 통해 13권의 신약 성경을 남겼다. 바울서신의 집필 시기를 보면 1차 전도여행 중(A.D. 48년경)에 갈라디아서를 썼고 2차 전도여행 중(A.D. 50~53년경)에는 데살로니가전후서를 썼다. 3차 전도여행 중(A.D. 54~58)에는 고린도전후서와 로마서를 썼으며 3차 전도여행 직후 체포된다.

체포된 후 로마로 압송되어 옥중생활을 하는데 이 시기에 에베소서, 빌립보서, 골로새서, 빌레몬서를 쓰는데, 옥중에서 쓴 이 네 권을 옥중서신이라 부른다. 한편 디모데전후서와 디도서는 특정 교회가 아니라 개인에게 보낸 서신으로써 목회적인 조언을 해주는 내용이기 때문에 목회서신이라고 부른다.

바울의 서신서는 집필 당시 바울의 상황과 수신처인 해당 교회(또는 수신자)의 현안들을 알고 읽는 것이 도움이 된다. 고린도전후서의 예를 들면 당시 바울은 3차 전도여행 중이었는데 이전에 세운 고린도 교회에 여러 문제가 생겼을 뿐 아니라 바울의 사도권을 의심하는 갈등이 발생하였음을 듣게 된다. 이에 따라 바울은 고린도 교회를 올바로 세우기 위해 고린도전후서를 집필하였다.[*] 바울 이외의 사도가 쓴 공동서신서의 경우 야고보서는 A.D. 47년경 집필된 것으로 보이고[**] 나머지는 대부분 A.D. 64년에서 A.D. 95년 사이에 기록되었다.

신약의 유일한 예언서인 요한계시록이 가장 마지막에 기록된 성경인데 이 책은 A.D. 95년경에 기록되었다.

---

[*] 바울서신의 집필 시기에 따라 바울 성품의 변화를 보기도 하는데 디모데후서나 빌립보서는 바울 생의 마지막 시기에 기록된 것으로 비장함과 인격적 성숙함이 앞에서의 서신과 비교된다.
[**] 로마서가 쓰여진 이후에 야고보서가 쓰였다는 견해도 있다.

신약 서신서의 분류

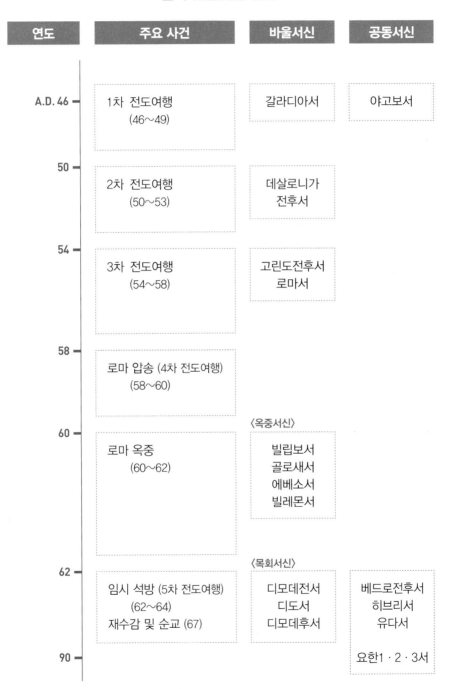

연도	주요 사건	바울서신	공동서신
A.D. 46	1차 전도여행 (46~49)	갈라디아서	야고보서
50	2차 전도여행 (50~53)	데살로니가 전후서	
54	3차 전도여행 (54~58)	고린도전후서 로마서	
58	로마 압송 (4차 전도여행) (58~60)		
60	로마 옥중 (60~62)	〈옥중서신〉 빌립보서 골로새서 에베소서 빌레몬서	
62	임시 석방 (5차 전도여행) (62~64) 재수감 및 순교 (67)	〈목회서신〉 디모데전서 디도서 디모데후서	베드로전후서 히브리서 유다서
90			요한1·2·3서

바울 이외의 저자가 쓴 신약의 서신서는 히브리서, 야고보서, 베드로전후서, 그리고 요한이 쓴 요한1, 2, 3서와 유다서까지 총 8권이다. 이 서신서들을 공동서신이라고 부른다.

공동서신은 일반서신 또는 교회서신이라고도 하는데 이는 모든 교회에 공통되는 메시지를 담고 있다는 의미다. 이 서신들은 대체로 "이단을 대적하고 박해 중에도 믿음을 굳건히 하라"는 내용을 담고 있다. 바울서신의 경우에는 공동서신과 달리 특정 교회(또는 특정 수신인)를 대상으로 해당 교회가 당면한 문제점을 집중적으로 다루고 있다는 차이점이 있다.

공동서신 중에 히브리서는 집필자가 분명하지 않고 야고보서는 예수님의 동생인 야고보가 쓴 것인데 집필 시기가 불확실하다.[*] 야고보는 "행위가 아닌 믿음으로 구원을 얻는다"(롬 3:28)는 바울의 가르침을 왜곡하여 행실을 무시하는 성도들에게 "믿음으로 만이 아니라 행함으로 의롭다 하심을 받는 것이며 행함이 없는 믿음은 죽은 것"(약 2:17, 24)이라고 책망하고 있다. 이러한 야고보서의 말씀은 삶의 진정한 변화가 없는 오늘날의 수많은 그리스도인에게도 동일하게 주시는 경고다.

한편 예언서로 분류되는 요한계시록은 종말의 때를 다루고 있기는 하지만, 요한계시록 전체가 다 종말에 관한 예언은 아니다. 사실 요한계시록의 대부분의 내용(1~19장)은 다른 신약 서신서와 마찬가지로 교회에게 보내는 편지로 이 책(서신)을 받아보게 될 1세기 말 당시의 기독교인들이 현재 겪고 있고, 곧 겪게 될 환란들을 다루고 있다고 볼 수 있다. 일곱 교회로 대표되는 당시의 교회들은 네로 황제로부터 시작된 로마 제국의 박해를 이미 경험했고, 여전히 현

---

[*] 야고보서는 47년경 바울의 1차 전도여행과 비슷한 시기에 쓰여진 것이라는 주장이 다수설이지만 내용상 로마서의 내용을 전제로 쓴 것 같은 내용이 있어 로마서보다 나중에 (57년 이후) 쓰여졌을 것이라는 견해도 있다.

재 진행형으로 겪고 있었다. 역사를 들여다보면 그 로마의 박해는 최소한 200년간 더 지속되었다. 요한계시록은 그러한 로마의 박해 속에서도 믿음을 잃지 않는 그리스도인, 그 하나님의 백성들을 지키시고 함께하시며 앞서 싸우시는 하나님의 군사들에 대해 그려주고 있는 것이다.

20장 이후에 등장하는 천년왕국은 예수님의 재림과 관련하여 해석되는데, 천년이 오기 전에 주님이 재림하셔서 천년왕국을 다스린다는 해석을 전천년설이라 하고, 천년왕국 후에 재림이 있을 것이라고 보는 해석을 후천년설이라고 부른다. 어떤 특정 기간으로서의 천년은 없고, 예수님의 초림과 재림 사이의 기간 전체가 천년의 시기라고 보는 관점을 무천년설이라고 한다.

각각의 해석이 담고 있는 종말에 때에 대한 그림이 상당히 다르므로 일반 신자들로서는 더더욱 난해하다고 느낄 수밖에 없다.[*] 마지막 때의 일에 관하여 이렇게 명확하지 않은 그림을 그려주신 것 자체가 성경의 참된 저자이신 성령님의 의도인지 모른다.

모르는 것에 대해서는 모른다고 인정하고 성경이 말하지 않은 것에 관하여 지나친 상상력으로 채우려 하지 않는 태도가 오히려 건강한 신앙인의 자세일 것이다.

---

[*] 예수님의 재림 이후의 상황에 대하여서는 계 20~22장, 고전 15:52, 살전 4:16~17 등에 묘사되어 있다.

나. 교회 시대(A.D. 95 ~ 현재)

로마의 기독교는 초기에 엄청난 핍박을 받았으나 313년 콘스탄틴 황제의 회심으로 마침내 로마의 국교가 된다. 이후 그리스도의 복음은 로마 제국의 길을 따라 빠르게 유럽 각 지역으로 뻗어 나간다. 그러나 로마의 정치 권력과 결합한 로마가톨릭교회는 부와 권력을 향유하면서 그리스도의 복음에서 변질되었고 이후 약 1천 년간 중세 암흑시대가 지속되었다.

그러던 중 14세기 말에 이르러 극적인 변화가 시작되었다. 14세기의 세계는 새로운 발견과 발전의 시대를 맞이한다. 먼저 1382년 위클리프가 영어로 성경 번역을 마치자 1456년 구텐베르크는 금속활자를 개발하여 성경의 대량 인쇄를 시작한다.[*] 성경의 대량 인쇄는 성경 말씀에 기초한 개혁이 가능하도록 만든 결정적 배경이 된다. 마침내 1517년 독일의 마틴 루터는 종교개혁의 깃발을 올린다. 이시기 또 하나의 중요한 사건은 지리상의 발견이다. 15세기 초 포르투갈의 엔히크 왕자가 아프리카 항로를 개척하였고 1492년 콜럼버스는 신대륙을 발견한다.

종교개혁 이후 새롭게 회복된 복음은 로마가톨릭과 별개의 개신교로 발전하였다. 약 200년간 많은 갈등과 희생이 있었으나 점차 개신교의 토대가 안정되었고 1700년대 경건주의 시대를 거쳐 1800년대 대선교 시대를 시작하게 된다.[**]

---

[*] 성경은 구텐베르크 금속활자로 인쇄된 최초의 책이다.
[**] 19세기 대선교 시대의 시대적 배경은 크게 세 가지를 생각해 볼 수 있다. 첫째, 15세기 말 지리상의 발견으로 아시아, 아프리카 등 여러 나라와의 물류 경로가 확보된 상태였다. 둘째, 1825년 증기기관의 발명으로부터 시작된 1, 2차 산업혁명으로 대량생산의 기반이 구축되어 유럽 국가들의 신대륙 진출이 경쟁적으로 이루어졌다. 마지막으로, 산업혁명에 따른 생산기반 확충으로 인구폭발이 시작되었다.

오늘날의 세계사*

연도	세계사의 주요 사건	교회사의 주요 사건
고대 시대 0 A.D. 500	로마 제국(서로마) 멸망(476)	기독교 탄압 콘스탄틴 황제의 회심(313) 　– 밀라노 칙령(기독교 합법화)
중세 시대 1500	무하마드, 이슬람 창시(610) 흑사병 대유행(1346) 동로마 멸망(1453) 르네상스 시대(14C~16C) 콜럼버스 신대륙 발견(1492) 코페르니쿠스 지동설(1543)	**암흑 시대** **개혁의 서막**(15C) 　– 위클리프 영어 성경(1382) 　– 구텐베르크 성경 인쇄(1456) 　– 루터의 종교개혁(1517)
근대 시대 1900	메이플라워 신대륙 도착 (1620) 뉴턴 만유인력(1687) 영국 산업혁명 시작(1760) 프랑스 혁명 발발(1789) 증기기관 발명(1825) 영국 노예제도 폐지(1833) 마르크스 공산당선언(1848) 다윈, 종의 기원 출간(1859) 미국 남북전쟁(1861)	**개혁의 완수**(16~17C) **경건주의 시대**(18C) 　– 할레선교회(1705), 헤른후트 　　(1722) 　– 진젠도르프 회심(1727) 　– 존 웨슬리 회심(1738) 　– 존 뉴턴 회심(1764) **대선교 시대**(19C) 　– 윌리엄 캐리 인도 도착(1793) 　– 허드슨 테일러, 중국(1860) 　– 언더우드, 조선(1885)
현대 시대	1차 세계대전(1914~18) 대공황(1929~38) 2차 세계대전(1939~45)	위클리프 성경 번역회(1934~) 빌리 그레함 여의도집회(1973)

※ 이 표는 주로 티모시 존스, 『하루 만에 꿰뚫는 기독교 역사』, (배응준 역, 규장, 2007)의 내용을 정리한 것이다.

앞서 살펴본 바와 같이 유럽 사회는 1500년을 전후로 역사의 전환점을 맞이한다. 1500년 이전의 유럽은 로마가톨릭 중심의 중세시대가 천 년 동안 계속되고 있었다. 313년 콘스탄티누스 황제의 밀라노 칙령(기독교 공인)과 392년 테오도시우스 황제의 기독교 국교화로 인해 로마 황제의 권력과 기독교는 매우 긴밀한 유착 관계를 맺게 된다. 이후 교회가 기독교 교리의 발전을 위해 그리스로마 철학의 지식을 활용하면서 그리스 고전은 교회를 중심으로 보존되고 전달되었다. 476년 게르만족의 침입으로 서로마*는 멸망한다. 문자와 종교가 없었던 호전적인 게르만족은 곧바로 교회에 흡수되었고 그들은 교회의 충성스런 기사가 되었다. 이후 로마가톨릭교회는 그리스로마의 지식과 게르만족의 용맹함을 기반으로 약 천 년간 서유럽 사회를 지배한다. 권력을 가진 교회는 그리스도의 복음과 점점 멀어졌다.

15세기 들어와 마침내 그리스로마 문화와 교회가 분리되기 시작한다. 르네상스를 거치면서 인본주의적 관점으로 그리스의 고전들이 재해석되고, 이후 과학혁명, 계몽주의 사상 등이 봇물 터지듯이 쏟아져 나오면서 인간의 이성은 교회와 종교로부터 독립하기 시작했다. 교회에서도 이 시기에 교황이나 전통이 아닌 성경 그 자체에서 복음을 발견하고자 하는 종교개혁이 시작된다. 이것은 그리스철학으로부터 기독교의 독립이라 할 수 있다.**

한편 세상은 이성과 과학을 신봉했던 시대를 지나 혁명과 전쟁을 거친 후 결국 허무로 귀결되는 포스트모더니즘의 시대로 나아간다.

---

* 로마 제국은 395년 동서로 분리되었다. 동로마는 콘스탄티노플을 중심으로 비잔티움제국으로 지속되다가 1453년 오스만투르크 제국에 의해 멸망한다.
** '서양 세계는 거의 천 년에 걸쳐 플라톤적 용어로 기독교를 설명하고자 애써왔다. 그러나 이것은 잘못된 생각이었음이 판명된다. 루터는 그리스 철학과 유대-기독교적 경험을 통합하려는 시도와 단호히 결별한다.' 휴버트 드레이퍼스, 숀 도런스 켈리, 『모든 것은 빛난다』, (김동규 역, 사월의 책, 2013), 240p.

유럽의 역사와 사상의 흐름[*]

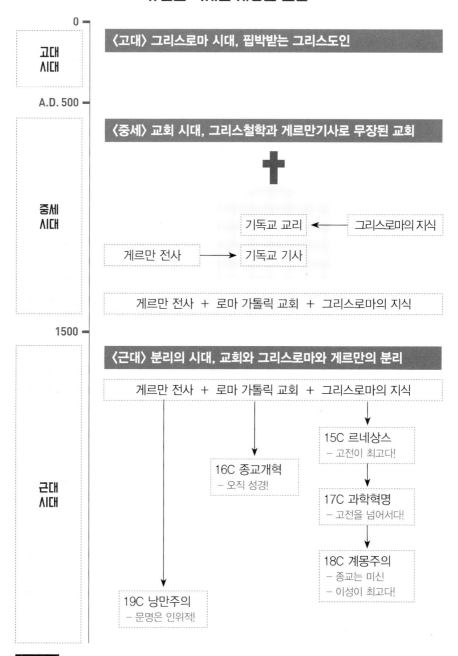

---

[*] 이 내용은 주로 존 허스트, 『세상에서 가장 짧은 세계사』, (김종원 역, 위즈덤하우스, 2017)의 내용을 정리한 것이다.

제3장
성경 섭취 방법

1.
성경을 읽는 관점

성경의 주제는 **하나님 나라**이고, 성경 전체를 아우르는 이야기는 하나님께서 마지막 때에 하나님 나라를 온전한 모습으로 완성시킬 것이라는 '**종말론적 구속사**'의 이야기이다. 이 구속사의 구체적인 내용들은 ①왕이신 하나님의 **통치**와 ②왕의 통치를 받는 백성들의 **순종**, ③세상 속에서 하나님의 백성임을 구별하는 **거룩**한 삶이라는 세 가지 주제로 이루어져 있다.

성경을 차례차례 읽어 나가다 보면 다양한 등장인물과 이야기가 나오기 때문에 전체적인 맥락을 이해하면서 읽기가 쉽지 않다. 그러므로 성경을 읽을 때는 성경 전체를 통해 하나님께서 말씀하시고자 하는 주제를 염두에 두고 그 주제가 각각의 맥락에서 어떤 흐름과 어떤 방식으로 전개되는지를 보면서 읽는 것이 중요하다.

성경 66권 전체를 일관하는 주제는 '**하나님 나라**'이다. 하나님이 하나님 나라를 창조하셨고 회복시키시며 마침내 완전한 하나님 나라를 완성해 가는 과정을 알려주시려고 우리에게 전하신 말씀이 성경이다. 죄악으로 손상된 하나님 나라를 하나님께서 다시 회복시키시고 완성시켜 가는 성경의 스토리를 '종말론적 구속사*'라고 한다. 한 나라가 성립되려면 주권과 국민과 영토의 세 요소가 분명해야 한다.** 하나님 나라를 이 원칙에 적용해 보자.

---

* 구속(救贖, Redemption)이란 대가를 금전적으로 지불함으로써 재산, 동물, 인간의 법적인 자유가 본래의 소유주에게 되돌아간다는 법률용어이다. 성경적으로는 인간의 죗값을 지불하고 구원에 이르게 하는 그리스도의 십자가 희생을 의미한다.

** 일반적으로 국가의 3요소라 하면 영토, 국민, 주권의 순서로 언급하지만, 하나님 나라의 원리에서는 주권이 가장 핵심적인 요소이므로 그 순서를 주권부터 언급하였다.

첫째, 하나님 나라의 주권은 어디에 있는가? 주권, 즉 통치권이 하나님께 있는 나라가 하나님 나라이다.

둘째, 하나님 나라의 국민은 누구인가? 하나님의 통치권을 인정하고 그 하나님의 명령에 순종하여 사는 그리스도인이 하나님 나라의 백성일 것이다.

셋째, 하나님 나라의 영토는 하나님의 통치가 실현되는 모든 영역이라 할 수 있다. 창조 시에는 온 우주가 하나님 나라였는데, 하나님께서 하나님 나라의 모델로서 우리 인간에게 보여준 장소는 에덴동산, 성막, 성전이었다. 그리고 예수 그리스도는 스스로 성전이 되셔서 이 땅에 오셨고 그 죽으심으로 휘장을 찢으셨을 뿐 아니라, 모든 믿는 이들에게 성령을 선물로 주심으로써 모든 성도가 곧 성전이자 교회가 되도록 하셨다. 결국 하나님 나라의 영토는 하나님의 백성 그 자신이며, 그들이 서 있는 곳, 그들이 하나님 통치에 순종하며 살아가는 모든 영역이 바로 하나님 나라다. 이 하나님 나라는 다시 창조 시와 같이 온 우주로 확장되며, 새 하늘과 새 땅이 임할 때 완전히 회복될 것이다.

하나님 나라의 경계를 이루는 핵심 요소는 바로 '거룩'이다. 거룩은 구별된 삶을 의미한다. 즉, 하나님의 통치를 받으며 세상 속에서 거룩한 삶을 사는 사람을 그리스도인이라고 하는 것이다. 다시 말해, 거룩한 삶이란 하나님 나라와 세상 나라와의 국경에서 벌어지는 치열한 영적 전쟁이라고 볼 수 있다.

이처럼 ①하나님의 통치(주권), ②하나님께 순종하는 백성(국민), ③하나님 백성의 거룩한 삶(영토의 경계), 이 세 가지가 하나님 나라의 구성요소가 된다. 그러므로 성경을 읽을 때 이 세 가지의 핵심 요소가 어떻게 실행되고 이루어져 가고 있는가 하는 관점을 가지고 읽어가야 한다.

2.
성경을 섭취하는 방법들

성경 말씀을 섭취하는 방법을 잘 도식화한 것이 말씀의 손[*]이다. 말씀의 손은 성경 말씀을 손으로 잡는 것에 비유하여 효과적인 성경 말씀 섭취 방법들을 보여주는 것이다.

성경 말씀의 섭취 방법은 듣기, 읽기, 공부, 암송, 묵상 등 다섯 가지로 구분할 수 있다. 이 다섯 가지 방법을 각각의 손가락에 연결하여 도식화 하였는데 마지막 새끼손가락은 듣기, 넷째 약지는 성경 읽기, 셋째 중지는 성경 공부, 둘째 검지는 성경 암송, 첫째 엄지는 말씀 묵상을 상징한다.

어떤 물건을 잡을 때 다섯 손가락을 모두 사용하여야 물건을 확실히 잡을 수 있듯이 말씀의 손은 성경을 제대로 섭취하기 위해서 각 손가락에 해당하는 다섯 가지 방법을 골고루 사용하여야 한다는 것을 보여주고 있다.

특히 엄지로 상징되는 묵상이 가장 중요한데 이는 나머지 네 손가락 즉, 듣기, 읽기, 공부, 암송이 각각 묵상과 연결되어야 함을 강조한다. 이는 엄지를 제외한 나머지 네 손가락 중 하나라도 엄지손가락과 결합하면 물건을 잡을 수 있는 것과 같은 원리이다. 말씀을 들을 때나 읽을 때 그 성경 구절을 묵상함으로써 주님의 개인적이고 인격적인 음성을 들을 수 있다. 성경을 묵상하는 방법은 뒷부분의 경건의 시간(Quiet Time) 부분에서 좀 더 자세히 다룬다(74p).

---

[*] 말씀의 손 예화는 성경말씀 섭취 방법의 좋은 예화로 교회와 선교단체 등에서 널리 인용되고 있다(네비게이토선교회의 여러 자료, 온누리교회 일대일양육교재 등에서 인용).

말씀의 손

듣기 롬 10:17
읽기 계 1:3
공부 행 17:11
암송 시 119:9,11
묵상 시 1:2~3

'말씀의 손'은 성경 말씀을 섭취하는 다섯 가지 방법을 보여 준다.

듣 기	믿음은 들음에서 난다. 듣지 않은 것을 믿을 수는 없다. 하나님의 말씀을 듣는 일은 성경을 접하는 가장 기본적인 방법이다.
읽 기	누군가의 말을 듣는 것이 아니라, 스스로 하나님의 말씀을 듣는 것이 바로 성경 읽기다. 체계적인 계획을 세워서 성경 전체를 꾸준히 읽어가는 것이야말로 바른 신앙 생활의 기본이다.
공 부	성경의 역사적 지리적 배경, 각 책의 주제와 맥락, 성경 전체의 흐름과 역사, 성경 속 단어들의 구체적인 의미와 신학적 해석 등은 혼자서 성경을 읽어 가는 것으로는 파악하기에 한계가 있다. 따라서 좋은 선생님과 동료들, 그리고 좋은 책 등을 활용해 성경을 공부하는 시간이 반드시 필요하다.
암 송	암송한 말씀은 언제 어디서나 내 입과 내 마음에 함께하는 하나님의 마음이라는 점에서 의미가 깊다. 순간순간 찾아오는 삶의 어려움을 극복할 때에도 암송한 말씀들은 큰 힘이 된다.
묵 상	묵상이야말로 하나님의 말씀인 성경이 내 삶에 살아서 역사하는 핵심적인 방식이다. 듣고 읽고 공부하고 암송한 말씀을 내 삶으로 적용해서 실제로 살아내는 과정이 바로 묵상이기 때문이다.

가. 빠르게 읽기 : 통독(通讀)

성경 통독은 성경을 빠른 속도로 쭉 읽어가는 것이다. 빠른 속도로 성경을 읽어가기 때문에 말씀 묵상이나 참조 구절 공부 등은 일반적으로 하지 않는다. 이 성경 통독은 길게는 1년의 시간을 잡고 진행하거나, 짧게는 1주일에 1회독을 하기도 하는데 최근에는 90일 동안 통독하는 프로그램을 많이 제안하고 있다. 이 책의 서두에서 언급한 바와 같이 성경 통독은 성경의 전체적인 흐름을 파악하기 위한 것으로 이는 성경 숙독의 깊이를 더하기 위한 기초 작업으로써의 의미를 갖는다. 그러므로 성경 통독은 뒷부분을 읽을 때 앞부분을 잊어버릴 정도의 긴 시간 동안 진행된다면 그 의미가 약해질 것이다. 즉 통독은 단기간에 마칠수록 좋다.

성경 통독은 역사의 스토리라인에 따라 읽어가는 것이 효과적이다. 해당 시대의 정치적 상황과 역사를 이해하고 읽어가야 각 구절구절의 의미를 보다 정확하게 파악할 수 있기 때문이다. 최근의 베스트셀러인『통큰통독 90일』이나『어? 성경이 읽어지네』등의 책은 성경의 읽기 순서를 역사적 순서대로 재배열한 것으로 성경 통독의 좋은 참고서가 되고 있다.

성경의 전체적인 맥락을 얼마나 잘 파악하고 있느냐는 경건의 시간(Quiet Time)이나 성경 공부에 적지 않은 영향을 준다. 그러나 각자 어떠한 수준에 있든지 간에 매일매일 성경을 읽고 묵상하는 것은 그리스도인으로서 필수적인 일이라 할 수 있다. 그 과정에서 우리 안에 내주하시는 성령님께서 직접 말씀해주시고, 깨닫게 해주시는 도우심을 느낄 수 있기 때문이다.

나. 깊이 있게 읽기 : 숙독(熟讀)

성경 숙독이란 성경 통독과 대비되는 것으로 성경의 일정한 부분을 깊이 있게 읽고 묵상하는 과정이다. 이 성경 숙독의 과정은 해당되는 부분을 몇 차례 반복해서 읽고 필요하면 관주 구절을 찾아 성경의 의미를 정확히 파악한다. 이 성경 숙독은 일종의 성경 공부와 같아서 개인 성경 공부라고 칭하기도 한다.

성경 숙독에 있어서 가장 기본적인 참고서는 관주 성경이다. 관주 성경은 성경 각 절의 단어나 구절과 관련이 깊은 성경의 다른 장절을 분류해서 적어 놓은 성경책이다. 예를 들어 요한복음 15장 5절[*]의 관주 구절로는 로마서 6장 5절과 요한복음 15장 16절, 그리고 골로새서 1장 6절과 10절이 연결되어 있다.[**] 이 연관 구절들을 찾아 읽어 보면 요한복음 15장 5절의 의미를 보다 정확히 이해할 수 있다.[***]

관주 성경과 함께 성경지도, 여러 버전의 번역 성경 등을 참고하면 더욱 좋다. 이러한 참고서를 바탕으로 하여 성경 구절의 의미를 정확히 파악하는 것이 성경 묵상의 기초가 된다. 이처럼 성경 숙독 즉, 성경을 깊이 있게 정독하고 공부하여 이해한 후 이어서 묵상과 적용과 기도의 시간을 갖는 것을 '경건의 시간'이라고 한다.

---

[*] 요 15:5) 나는 포도나무요 너희는 가지라 그가 내 안에 내가 그 안에 있으면 사람이 열매를 많이 맺나니 나를 떠나서는 너희가 아무 것도 할 수 없음이라

[**] 롬 6:5) 만일 우리가 그의 죽으심과 같은 모양으로 연합한 자가 되었으면 또한 그의 부활과 같은 모양으로 연합한 자도 되리라 / 요 15:16) 너희가 나를 택한 것이 아니요 내가 너희를 택하여 세웠나니 이는 너희로 가서 열매를 맺게 하고 또 너희 열매가 항상 있게 하여 내 이름으로 아버지께 무엇을 구하든지 다 받게 하려 함이라 / 골 1:6) 이 복음이 이미 너희에게 이르매 너희가 듣고 참으로 하나님의 은혜를 깨달은 날부터 너희 중에서와 같이 또한 온 천하에서도 열매를 맺어 자라는도다 / 골 1:10) 주께 합당하게 행하여 범사에 기쁘시게 하고 모든 선한 일에 열매를 맺게 하시며 하나님을 아는 것에 자라게 하시고

[***] 우리는 관주를 통해서 예수님의 포도나무 비유를 이해하기 위해서는 크게 두 가지를 이해해야 한다는 것을 알 수 있다. 즉, 포도나무이신 그리스도와 가지인 우리가 '연합'한다는 것(저가 내 안에 내가 저 안에 있으면)이 어떤 의미인지 롬 6:5이 보여주고 있으며, 그 연합의 결과로서 맺게 되는 '열매'는 왜 중요하며, 어떤 방식으로 맺게 되는지를 요 15:16과 골로새서의 말씀들이 보여주고 있다. 이렇게 관주 구절들을 찾아 읽으면 한 구절의 의미에 매몰되지 않고 성경 전체가 말하고자 하는 것을 이해하게 되는 것이다.

다. 묵상 – 경건의 시간(Quiet Time : QT)

매일 일정한 시간을 정해 놓고 조용한 곳에서 성경을 읽고 묵상하고 기도하는 것을 경건의 시간이라고 한다. 이러한 경건의 시간을 몸소 보여준 이가 바로 예수님이다. 새벽 미명에 일어나 밖으로 나가 한적한 곳에 자리 잡고 기도하셨던 예수님(막 1:35)의 모습은 여전히 우리에게 가장 좋은 본이 된다.[*]

처음 QT를 시작하는 사람은 단 5분, 10분만 시간을 내도 괜찮다. QT의 과정은 다음과 같다. ①매일 일정분량의 성경을 차근차근 읽어가며 ②깊이 있게 묵상하고 ③이 묵상을 통해 개인적으로 깨달은 바를 하루의 삶 가운데 적용하기로 결심하고 ④기도하는 것이다. 다양한 형태로 QT를 할 수 있겠지만 일반적으로 제안되는 QT의 프로세스는 시작 기도, 읽기, 묵상, 적용, 마치는 기도 순이다.[**] QT의 핵심은 묵상인데 이것은 마음과 생각을 말씀에 집중하는 과정이다. 마음과 생각을 비우는 명상과는 정반대로 묵상은 마음과 생각을 성경에 집중하여 성령의 인도하심을 받는 과정이다. 건강한 그리스도인들은 이 시간을 통해 당면한 문제의 답을 얻고, 환란으로부터 안식을 얻고, 진로를 분명하게 인도받는 경험을 하게 된다. 실제 QT를 시작할 때 도움이 되는 책으로는 「생명의 삶」(두란노), 「매일성경」(성서유니온) 등 QT 월간지가 있는데, 이런 책들에는 매일 묵상할 성경 구절과 해당 구절에 대한 간단한 설명이 실려있어 초보자가 QT를 시작할 때 도움이 된다.

---

[*] 현대 그리스도인들에게 경건의 시간을 정형화시킨 사람들은 바로 소위 '캠브리지 7인'이라 불리는 19세기 말 영국의 대학생들이었다. 손톤Thornton은 열정적인 그리스도인이었으나 늘 분주한 일상으로 영적인 삶에 틈이 생기기 시작한 것을 발견하고 친구 후퍼Hooper와 함께 하루의 첫 시간에 성경 읽기와 기도로 하나님과 함께하는 계획을 세웠다. 이 제안은 함께한 학생들이 많은 축복을 경험하며 확산되기 시작했고 이 운동의 리더인 7명의 캠브리지 학생은 모두 중국 선교사가 되었다.

[**] 이러한 QT의 순서를 'PRESS 방법'으로 설명하기도 한다. PRESS는 Pray for moment (시작 기도), Read His word (성경 읽기), Examine His word (성경 묵상), Say to God (마치는 기도), Say to others (나눔)의 첫 스펠링 묶음이다.

경건의 시간 예시

순서		내 용
	준비	매일 아침 일정한 시간을 떼어 놓을 것 경건의 시간을 위한 장소를 정해둘 것
경건의시간	시작 기도	하나님의 음성을 기다리는 기도 시편 143:8,10 을 사용해도 좋음
	성경 읽기	하루에 약 10절 내외가 적당 성경을 순서에 따라 차례로 읽을 것 　－「생명의 삶」(두란노), 「매일성경」(성서유니온), QT순서표(네비게이토) 　　등을 활용해도 좋음
	성경 묵상	오늘 성경 말씀을 통해 하나님께서 내게 무엇을 말씀하시는지 주의하여 집중함 (다음 페이지 묵상과 적용 방법 참고)
	적용	묵상을 통해 깨달은 내용을 중심으로 오늘 하루 실천할 것을 정 함 (다음 페이지 묵상과 적용 방법 참고)
	마치는 기도	오늘 적용하기로 한 것을 주님께 아뢰고 하나님께 찬양과 감사를 하고, 이웃과 자신의 필요를 위한 중보와 간구의 기도를 드릴 것
적용 실천		아침 QT시간에 적용하기로 한 것을 하루 중에 실천함
나눔		QT의 축복과 적용을 기회 있는 대로 형제 자매들과 이야기함

＊　시 143:8) 아침에 나로 하여금 주의 인자한 말씀을 듣게 하소서 내가 주를 의뢰함이니이다 내가 다닐 길을 알게 하소
서 내가 내 영혼을 주께 드림이니이다 / 시 143:10) 주는 나의 하나님이시니 나를 가르쳐 주의 뜻을 행하게 하소서 주의
영은 선하시니 나를 공평한 땅에 인도하소서

QT의 핵심인 묵상과 적용에 관하여 몇 가지 도움이 되는 방법을 소개한다. 이것들은 처음에 성경을 읽고 묵상을 하려고 해도 묵상이 잘 되지 않을 수 있기 때문에 효과적인 묵상 훈련을 위해 제안된 방법들인데 QT를 해나갈 때 도움이 된다. 가장 기본적이면서도 핵심적인 묵상 방법은 바울 묵상법이다. 이것은 다메섹 도상에서 바울이 예수님을 만났을 때 던졌던 질문을 활용하는 것이다. 바울은 주님께 두 가지 질문을 드렸다. "주님, 누구시니이까?"(행 22:8), "주님, 무엇을 하리이까?"(행 22:10) QT를 할 때 우리도 이 두 가지 질문을 해 보는 것이다. 그날 읽은 성경 말씀 속에서 "하나님은 어떤 분이신가"를 질문하며 묵상해보고, 그 뒤에 그렇다면 그 하나님은 오늘 내가 "무엇을 하기를 원하시는가?"를 고민하며 실천적 적용을 해 보는 것이다.

한편 적용과 관련해서 특별히 3P 적용법이 있는데 이것은 QT의 적용을 보다 실제적으로 해나갈 수 있도록 돕는 방법이다. 앞서 바울 묵상법의 두 번째 질문과 연결하여 활용하면 도움이 된다. 3P 적용은 개인적(Personal)이고, 구체적(Practical)이며, 실천 가능한(Possible) 것을 적용의 내용으로 고려해야 한다는 원칙이다. 묵상 후에 적용이 막연해지는 경우가 적지 않다. 예를 들면 '더욱 신실한 삶을 살자'라든가 '이웃을 사랑하자' 등은 구체적이지 못해 잊어버리기도 쉽고 실천 여부를 체크하기도 어렵다. 구체적이지 않은 적용은 사실상 실제 실천으로 이어지지 않는 경우가 대부분이다. 3P 적용법은 그러한 막연한 적용을 방지하는 방법이라 할 수 있다.

묵상과 적용의 방법들

구분	내 용

바울
묵상법
	① 주님 누구시니이까? (행 22:8)
	    – 오늘 성경 말씀을 통해 하나님의 어떠하심을 알 수 있는가?
	
	② 주님 무엇을 하리이까? (행 22:10)
	    – 오늘 성경 말씀에서 하나님께서는 내가 무슨 일을 행하기를 바라시는가?

3P
적용법
	적용할 것을 정할 때 아래의 세 가지 원칙에 따라 정하는 것이 바람직함
	
	① 개인적(Personal)일 것
	    – 자신이 스스로 행할 것을 적용해야 한다.
	     가족이나 주변 사람에게 요구할 것을 적용하면 안 된다.
	
	② 구체적(Practical)일 것
	    – 막연한 것을 적용하면 안 된다.
	     실천 여부를 확인할 수 있는 것을 적용한다.
	
	③ 실천 가능할(Possible) 것
	    – 현실적으로 실천하기 어려운 과도한 적용을 하지 말아야 한다.
	     당장 하기 쉬운 것부터 적용한다.

마. 암송

성경 말씀을 암송하는 것은 성경적이다. 하나님께서는 성경을 우리의 마음 판에 새기라고 하셨고 손가락에 매어 항상 기억하라고도 하셨기 때문이다.[*] 그런데 인정하기는 쉬워도 실천하기는 어려운 것이 암송이다.

일반적으로 성경 암송 구절의 대상은 성경 전체를 주제별로 분류하여 핵심 구절을 체계화한 「주제별 성경 암송 60구절」[**] 이라는 것이 있는데 이 60구절 을 가지고 암송을 시작하면 좋다. 또한 QT나 성경 읽기 과정에서 개인적으로 축복과 위로와 인도를 받은 말씀을 외우면 그 말씀을 기억할 때마다 하나님의 은혜를 되돌아볼 수 있어 좋다. 암송은 지속적으로 하는 것이 가장 중요하다. 효과적으로 암송을 지속할 수 있는 방법으로는 네비게이토의 7주 복습법이 있다.[***]

성령의 검(엡 6:17)[****]인 말씀을 잘 암송하는 것은 영적 전투에서 승리하기 위한 핵심 장비인 칼을 날카롭게 가는 노력이라고 할 수 있다. 다만 주제별 성 경 암송이 매우 유익하기는 하지만 성경의 장, 절의 문맥을 파악하지 못한 채 해당 구절만 암송할 때는 그 본문을 그릇되게 해석하거나 적용할 가능성이 있 으므로 이 점을 조심해야 한다.

---

[*] 잠 7:1~3) 내 아들아 내 말을 지키며 내 계명을 간직하라 내 계명을 지켜 살며 내 법을 네 눈동자처럼 지키라 이것을 네 손가락에 매며 이것을 네 마음판에 새기라
[**] 주제별 성경 암송 60구절은 네비게이토선교회(The Navigators)가 정리한 것으로 교계에서 널리 활용된다. 그리스도 인으로서 알아야 할 핵심 성경 구절 60개를 주제별로 정리한 것이다.
[***] 1주일에 2구절 암송, 7주 복습 방법인데 이 방법으로 꾸준히 하면 1년에 약 100개의 구절을 암송할 수 있다. 이 방 법을 구체적으로 설명하면 첫 주에 새 구절 두 개를 선택하고 암송 카드로 만들어 1주일간 암송한다. 2주차에는 기존 두 카드는 복습카드가 되고 새 카드 2구절 암송을 시작한다. 이렇게 7주차가 되면 새 카드 2장, 복습중인 카드 12장 등 총 14장의 암송 카드가 된다. 8주차에는 새 카드 2장 추가하고 7주간 암송을 마친 2카드는 빼내어 14카드를 유지하는 방식 이다.
[****] 엡 6:17) 구원의 투구와 성령의 검 곧 하나님의 말씀을 가지라

예를 들어 한국의 그리스도인들이 가장 좋아하는 성경 구절 중 하나인 빌립보서 4장 13절[*]의 경우를 보자. 이 구절은 주제별 성경 암송 60구절 중에 '능력'이라는 주제의 해당 구절이다. 장래의 계획에 대하여 매우 긍정적인 확신을 가질 수 있는 구절로서 한국 사람들에게 특히 인기가 많다. 그러나 이 구절의 정확한 의미는 앞 절인 4장 12절[**]과 연결하여 문맥적으로 이해하여야 한다. 즉 앞 절과 연관하여 해석하면 13절의 그 '능력'이란 모든 비천함과 배고픔과 궁핍에도 불구하고 평안할 수 있는 능력을 의미한다. 긍정적 성과주의를 의미하는 것이 아니다.

이처럼 성경 암송은 단편적인 구절만 암송할 때 오해를 일으킬 위험이 있다. 따라서 성경의 섭취는 주제와 관점이라는 큰 흐름을 잡고 성경의 책별, 장별, 구절별 문맥을 파악하면서 읽어가고 공부하고 암송해야만 한다. 이를 위해 성경 암송 구절이 어느 정도 쌓이면 이를 성경책 순서대로 배열하여 성경의 문맥적 흐름과 연계하여 암송하는 것이 좋다.

---

[*] 빌 4:13) "내게 능력 주시는 자 안에서 내가 모든 것을 할 수 있느니라" 이 구절은 지난 2016년 세계 10억 명이 사용하는 성경 어플 YouVersion's 가 조사한 국가별 성경 구절 선호도 조사결과 한국인이 가장 좋아하는 구절로 나타났다. 재미있는 것은 조사대상 143개 국가 중에 한국 이외의 국가 중에는 이 구절을 가장 좋아하는 구절로 택한 나라는 없다. 국가별로 볼 때 가장 많은 국가에서 선택된 구절은 렘 29:11이다. 'The favorite Bible verses of 88 nations', Christianity Today(2017.1.10) 참고.

[**] 빌 4:12) 내가 비천에 처할 줄도 알고 풍부에 처할 줄도 알아 모든 일에 배부르며 배고픔과 풍부와 궁핍에도 일체의 비결을 배웠노라

3.
종합적인 성경 섭취

앞서 설명한 것과 같이 성경을 듣고, 읽고, 공부하고 암송하는 모든 노력은 성경 묵상이라는 과정을 통해 우리에게 최종적으로 섭취된다. 그러므로 묵상은 성경의 소화 과정이라고 할 수 있다. 이 과정에서 필요한 소화력은 '성경에 대한 종합적 이해의 정도'라고 볼 수 있을 것이다.

성경의 주제와 관점 그리고 맥락을 잘 파악하고 성경을 섭취해야 하나님의 메시지를 오류 없이 바르게 파악할 수 있다. 이처럼 성경을 종합적으로 이해하며 섭취하는 것이 성경 숙독이며 이 숙독이 성경 섭취 방법들 가운데 가장 중요한 방법이다. 앞서 '숙독' 부분에서 설명한 바와 같이 성경 숙독은 책별 성경 공부나 QT 등과 연계하여 관주 성경 등을 참고하여 성경을 개인적으로 깊이 있게 읽어 나가는 것이다.

이러한 숙독의 깊이를 더하기 위해 보조적으로 성경 통독과 성경 암송이 의미를 갖는다. 즉, 통독과 암송은 성경의 통전적 이해와 연결되어 이루어질 때 올바르게 활용될 수 있다.* QT를 할 때 비록 짧은 성경 구절을 보더라도 맥락적 흐름을 놓치지 않고 하나님의 말씀을 바르게 이해할 수 있도록 노력해야 한다. 실제적으로 제안을 한다면 다음과 같다.**

첫째, 성경을 책별로 차근차근 숙독해 나간다. 이러한 책별 숙독은 교회의 성경 공부 프로그램이나 개인적 QT 순서 등과 연계하면 효과적이다.

---

* 암송은 구절 암송과 함께 성경의 책별 주제, 장별 주제를 함께 암송한다면 해당 구절의 맥락적 의미를 보다 정확하게 이해할 수 있을 것이다.
** 성경 읽기를 할 때 각 책의 개관과 장별 개요 등을 쉽게 파악할 수 있도록 이 책의 부록으로 정리하였다.

둘째, 성경 통독은 연초에 1달 이내에 빠르게 진행하여 마친다. 통독은 전체적인 흐름을 잡기 위한 것이므로 단어나 구절에 집착하지 말고 책의 주제와 전반적인 이야기를 상기하기 위한 것임을 생각하며 빠르게 읽어 나간다.

셋째, 성경 암송은 '주제별 성경 암송 60구절'*을 필수적으로 암송한 후 성경 듣기, 읽기, 공부 등의 과정에서 은혜를 받은 말씀을 중심으로 한 구절 한 구절씩 늘려나간다. 성경 암송 구절 수가 약 300구절이 넘어가면 암송 구절 전체를 성경 순으로 재배열하여 성경의 책별, 장별 주제와 연계하여 다시 암송하면 좋다.

그리스도를 주님으로 영접하고 단번에 그리스도인이 되었지만, 우리가 그리스도의 장성한 분량으로 성장하는 데에는 많은 시간이 필요하다. 그 성장의 핵심 요소가 성경 말씀을 통해 인격적인 하나님을 경험하고 하나님과 교제해 가는 것이다. 기도, 전도, 사역, 교제 등등 그리스도인의 삶을 구성하는 여러 가지 요소가 있지만, 성경 말씀에 기초한 성장이 가장 건강하고 균형 잡힌 성장이라는 것은 두말할 나위가 없다.

그러므로 현재 자신이 어떤 수준에 있든지 당장 오늘부터 성경책을 펴라. 그리고 읽으라. 성경을 읽으면 읽을수록 그 놀라운 넓이와 길이, 그리고 높이와 깊이를 경험하게 될 것이다. 나아가 우리 안에 내주하시는 성령 하나님께서 말씀을 깨닫도록 도와주실 것이고, 말씀을 통해 하나님을 만나도록 인도하실 것이다. 우리가 성경을 읽는 궁극적인 목적은 그 말씀의 주인이시며, 그 말씀 자체이신 하나님을 알아가며 그분과 동행하는 것이다.

---

* 네비게이토 출판사에서 제작 판매하고 있으며 한글, 영어(NIV), 중국어 등도 있음

[부 록]
성경의 책별·장별 개요[*]

---

[*] 이 부분의 내용은 주로 다음 책들을 참고하여 정리했다. 『책별로 성경을 어떻게 읽을 것인가』 (더글라스 스튜어트,
고든 D. 피, 길성남 역, 성서유니온선교회, 2016); 『우리말 성경』 (두란노); 『큐티라이프성경』 (기독지혜사, 1998); 『현대
인의 성경』 (생명의 말씀사. 2006).

1. 구약 성경

창세기 (50장)	저자	모세	기록시기	B.C. 1400년경
	대상	이스라엘 백성	기록장소	시내 광야
	내용	창조. 인간의 불순종과 그로 말미암은 비극적인 결과. 아브라함과 그의 자손들을 선택하신 하나님의 구속 역사 시작		

장	절수	개　　요
1	31	하나님께서 천지를 창조하심
2	25	하나님께서 아담과 하와를 만드심
3	24	사람이 타락함
4	26	가인이 아벨을 죽임
5	32	아담에서 노아까지의 족보
6	22	부패한 인간의 죄악, 노아를 부르심
7	24	대홍수
8	22	물이 빠짐, 노아의 제사
9	29	하나님께서 노아와 언약을 맺으심
10	32	노아 후손들의 계보와 분포
11	32	바벨탑, 셈에서 아브람까지의 족보
12	20	하나님께서 아브람을 부르심
13	18	아브람과 롯이 헤어짐
14	24	아브람이 롯을 구함, 최초의 십일조(멜기세덱)
15	21	하나님께서 아브람과 언약을 맺으심
16	16	하갈이 이스마엘을 낳음
17	27	아브라함으로 개명, 할례의 언약을 맺으심
18	33	아브라함이 손님을 대접함, 소돔을 위한 간구

44	34	요셉이 은잔으로 형들을 시험함
45	28	요셉이 형들에게 자신을 알림
46	34	야곱이 애굽으로 이주함
47	31	야곱이 고센 땅에 정착함, 요셉이 흉년을 해결함
48	22	요셉의 아들 므낫세와 에브라임
49	33	야곱이 아들들을 축복함, 야곱이 죽음
50	26	야곱의 장례와 요셉의 죽음

출애 굽기 (40장)	저자	모세	기록시기	B.C. 1400년경
	대상	이스라엘 백성	기록장소	시내 광야
	내용	애굽에서 구출되는 이스라엘. 언약과 율법을 통해 한 민족으로 구성됨. 하나님께서 임재하시는 장소인 성막 제작 지시. 그와 관련된 규정들과 실제 성막 건축 과정		

장	절수	개 요
1	22	이스라엘 백성들이 억압받음
2	25	모세가 태어남, 모세가 미디안으로 감
3	22	모세가 불붙은 떨기나무를 봄
4	31	모세를 위한 표적(지팡이), 모세가 애굽으로 귀환
5	23	바로가 더 혹독하게 노동을 시킴
6	30	하나님께서 구원을 약속하심
7	25	뱀이 된 아론의 지팡이, 피의 재앙
8	32	개구리, 이, 파리의 재앙
9	35	가축, 종기, 우박의 재앙
10	29	메뚜기와 흑암의 재앙
11	10	장자가 죽는 재앙

37	29	법궤, 등잔대, 분향단	
38	31	번제단, 물두멍, 뜰	
39	43	제사장 옷, 가슴패	
40	38	성막의 헌납과 여호와의 영광	

레위기 (27장)	저자	모세	기록시기	B.C. 1400년경
	대상	이스라엘 백성	기록장소	시내 광야
	내용	각종 제사와 관련된 규례들과 성결에 관련된 율법. 속죄일 규정. 그 외에 제의적 성결(제사장의 거룩)과 각종 절기 및 사회적 의무 에 관한 법들		

장	절수	개 요
1	17	번제의 규례
2	16	소제의 규례
3	17	화목제의 규례
4	35	속죄제의 규례
5	19	속건제의 규례
6	30	제물, 번제물, 곡식 제물, 속죄 제물에 대한 규례
7	38	속건 제물, 화목제물에 대한 규례, 제사장의 몫
8	36	모세가 제사장들을 세움
9	24	아론이 희생제물을 드림
10	20	나답과 아비후가 죽음, 음식에 관한 규정
11	47	정결한 짐승들과 부정한 짐승들
12	8	산모의 정결 의식
13	59	문둥병에 대한 율례, 곰팡이 생긴 옷에 관한 규례
14	57	문둥병이 나은 뒤에 하는 정결 의식

15	33	부정한 체외 분비물
16	34	속죄의 날
17	16	피 먹는 것을 금지함
18	30	금지된 성관계들
19	37	거룩함과 정의의 규정들
20	27	사형에 해당되는 죄
21	24	제사장의 거룩
22	33	여호와께 거룩한 예물을 드리는 방법
23	44	여호와께서 정하신 절기들
24	23	여호와 앞에 놓인 기름과 빵
25	55	안식년, 희년
26	46	순종의 복, 불순종의 심판
27	34	여호와께 드린 것을 물릴 경우

민수기 (36장)	저자	모세	기록시기	B.C. 1400년경
	대상	이스라엘 백성	기록장소	가나안 국경
	내용	이스라엘 백성이 시내산에서 모압 평지까지 가는 동안 겪은 광야에서의 사건들과 이 시기에 추가로 받은 각종 규례들		

장	절수	개 요
1	54	첫 번째 인구 조사
2	34	모세가 각 지파의 진영을 정돈함
3	51	여호와께서 레위 지파에게 말씀하심
4	49	레위 지파 자손의 업무 분담
5	31	진영을 정결하게 함, 아내의 간통 사실을 확인하는 절차
6	27	나실인에 대한 규례

32	42	요단강 동편에 정착한 지파들
33	56	이스라엘이 걸어온 길
34	29	가나안 땅의 경계
35	34	도피성에 대한 규례
36	13	슬로브핫 딸들의 유산

신명기 (34장)	저자	모세	기록시기	B.C. 1400년경
	대상	이스라엘 백성	기록장소	모압 땅
	내용	가나안 정복을 앞두고 모세가 이스라엘의 새로운 세대를 위해 하나님과의 언약과 율법을 다시 한번 정리함		
장	절수	개 요		
1	46	정탐꾼 사건과 이스라엘의 반역		
2	37	광야에서의 방랑 생활, 헤스본 왕을 멸망시킴		
3	29	바산 왕을 멸망시킴, 요단강 동쪽의 분배		
4	49	순종할 것을 명령함, 도피성		
5	33	십계명		
6	25	너희 하나님 여호와를 사랑하라		
7	26	가나안 민족들을 쫓아내야 함		
8	20	여호와를 잊지 말아야 함		
9	29	금송아지 사건 상기		
10	22	하나님께서 다시 돌판을 주심		
11	32	여호와를 사랑하고 순종하라		
12	32	예배 장소에 관한 말씀		
13	18	다른 신들을 숭배하지 말 것		
14	29	정결한 음식과 부정한 음식, 십일조		

여호수아 (24장)	저자	여호수아	기록시기	B.C. 1300년경
	대상	이스라엘 백성	기록장소	가나안
	내용	약속의 땅 일부를 정복하고 분배한 후 그곳에 정착함		

장	절수	개 요
1	18	여호와께서 여호수아에게 명령하심
2	24	라합이 정탐꾼들을 숨김
3	17	이스라엘이 요단강을 건넘
4	24	요단강 건넌 후 길갈에 기념비를 세움
5	15	길갈에서 할례를 시행함
6	27	여리고 성이 무너짐
7	26	아간의 범죄
8	35	이스라엘이 아이 성을 멸망시킴
9	27	기브온 부족이 이스라엘을 속임
10	43	태양과 달이 멈춤
11	23	북쪽 왕들을 정복함
12	24	정복된 왕들
13	33	남은 지역 땅의 분배
14	15	갈렙이 헤브론 땅을 받음
15	63	유다 지파가 받은 땅
16	10	에브라임 지파가 받은 땅
17	18	므낫세 지파가 받은 땅
18	28	나머지 땅의 분배와 경계
19	51	나머지 땅의 분배와 경계
20	9	도피성
21	45	레위 지파가 얻은 기업

22	34	두 지파 반이 요단 동편 땅으로 돌아감
23	16	여호수아가 최후 연설을 함
24	33	세겜에서 언약을 갱신함

사사기 (21장)	저자	미상(사무엘로 추정)	기록시기	B.C. 1100년경
	대상	이스라엘 백성	기록장소	가나안
	내용	사사 시대의 이야기. 이스라엘이 반복해서 언약에 충실하지 않았음을 강조함		
장	절수	개 요		
1	36	유다와 베냐민 지파가 승리함		
2	23	보김에서 천사가 나타남, 이스라엘의 배반		
3	31	사사의 등장, 옷니엘, 에훗, 삼갈		
4	24	드보라와 바락의 승리		
5	31	드보라와 바락의 찬송		
6	40	여호와의 천사가 기드온에게 나타나심		
7	25	기드온이 미디안 사람을 쫓아냄(300 용사)		
8	35	기드온이 세바와 살문나를 무찌름		
9	57	아비멜렉		
10	18	사사 돌라와 야일		
11	40	기생의 아들 입다가 이스라엘을 구원함		
12	15	입다와 에브라임이 서로 다툼		
13	25	나실인 삼손의 출생		
14	20	삼손의 결혼과 실패		
15	20	삼손의 복수와 승리		
16	31	삼손이 들릴라의 꾐에 넘어감		

17	13	미가의 우상들
18	31	단 지파가 라이스에 정착함
19	30	한 레위인의 첩이 능욕을 당해 죽음
20	48	이스라엘이 베냐민 자손과 싸움
21	25	이스라엘이 베냐민 족속에게 아내를 구해줌

	저자	미상	기록시기	B.C. 1100년경
룻기 (4장)	대상	이스라엘 백성	기록장소	가나안
	내용	사사 시대에 여호와께 충성한 여인 룻의 결단과 헌신, 순종과 축복의 이야기. 주인공 나오미와 룻의 형편은 사사 시대 이스라엘의 형편을 반영하며 룻과 보아스의 선의(善意, 헤세드)를 통해 암울한 사사 시대에도 하나님의 구속 역사가 계속 이어지는 것을 보여줌		

장	절수	개 요
1	22	나오미와 룻
2	23	룻이 보아스를 만남
3	18	룻과 보아스가 타작마당에서 만남
4	22	보아스와 룻이 결혼함

	저자	미상	기록시기	B.C. 930년경
사무엘상 (31장)	대상	이스라엘 백성	기록장소	가나안
	내용	마지막 사사 사무엘부터 초대 왕 사울까지의 이야기		

장	절수	개 요
1	28	한나의 서원과 사무엘의 탄생
2	36	한나의 기도, 엘리 제사장 아들들의 악행

28	25	사울이 엔돌의 무당을 찾아감
29	11	다윗이 이스라엘과의 싸움을 피함
30	30	다윗이 아멜렉 사람들을 공격함
31	13	사울이 패배하고 죽음

사무엘하 (24장)	저자	미상	기록시기	B.C. 930년경
	대상	이스라엘 백성	기록장소	가나안
	내용	다윗의 통치와 범죄, 다윗 가문의 비극		

장	절수	개 요
1	27	사울과 요나단의 죽음을 슬퍼하는 다윗
2	32	다윗이 유다의 왕이됨
3	39	다윗과 사울 집안의 싸움, 요압이 아브넬을 살해함
4	12	이스보셋이 죽음
5	25	다윗이 온 이스라엘의 왕이 됨
6	23	법궤를 예루살렘으로 옮김
7	29	하나님께서 나단을 통해 말씀하심
8	18	다윗이 모든 전쟁에서 승리함
9	13	다윗과 므비보셋(사울의 아들)의 만남
10	19	암몬 족속을 물리침
11	27	다윗이 밧세바(우리아의 아내)를 취함
12	31	나단을 통해 다윗의 죄를 드러내심
13	39	암논이 다말을 범함
14	33	압살롬이 예루살렘으로 돌아옴
15	37	압살롬이 반역을 꾀함, 다윗의 피신

16	23	다윗이 시바를 만남, 시므이가 다윗을 저주함
17	29	압살롬이 후새의 계략을 택함
18	33	압살롬이 죽음
19	43	암살롬 죽음을 슬퍼하는 다윗, 다윗의 환궁
20	26	세바가 반란을 일으킴
21	22	다윗이 기브온 사람들의 원수를 갚아줌
22	51	다윗의 찬양
23	39	다윗의 마지막 당부, 다윗의 용사들
24	25	다윗의 인구 조사, 하나님의 형벌과 다윗의 기도

열왕 기상 (22장)	저자	미상	기록시기	B.C. 550년경
	대상	이스라엘 백성	기록장소	바벨론 포로지
	내용	솔로몬의 치세와 이스라엘 왕정이 점차 몰락하고 해체되는 과정		
장	절수	개 요		
1	53	다윗의 말년과 솔로몬을 왕으로 세움		
2	46	다윗의 유언		
3	28	솔로몬이 지혜를 구함		
4	34	솔로몬의 관리들과 고관들		
5	18	솔로몬이 성전 건축을 준비함		
6	38	솔로몬이 성전을 건축함		
7	51	솔로몬이 왕궁을 건축함		
8	66	솔로몬이 법궤를 성전으로 옮김, 성전 봉헌식		
9	28	여호와께서 솔로몬에게 나타나심		
10	29	스바 여왕이 솔로몬을 방문함		

11	43	솔로몬의 아내들, 여로보암의 반란, 솔로몬의 죽음
12	33	이스라엘이 르호보암에게 반역함
13	34	유다에서 온 하나님의 사람
14	31	아히야의 예언, 유다 왕 르호보암
15	34	유다 왕 아비얌, 아사, 이스라엘 왕 나답
16	34	이스라엘 왕 바아사, 엘라, 시므리, 오므리, 아합
17	24	엘리야가 까마귀가 가져다준 양식을 먹음
18	46	엘리야와 오바댜
19	21	엘리야가 호렙산으로 도망, 하나님과 엘리야의 만남
20	43	벤하닷이 사마리아를 공격함
21	29	나봇의 포도원을 빼앗는 아합왕
22	53	아합이 길르앗에서 죽음, 여호사밧 왕, 아하시야 왕

열왕 기하 (25장)	저자	미상	기록시기	B.C. 550년경
	대상	이스라엘 백성	기록장소	바벨론 포로지
	내용	왕국의 몰락과 약속의 땅에서 쫓겨나는 하나님의 백성		
장	절수	개 요		
1	18	여호와께서 아하시야를 심판하심		
2	25	엘리야의 승천과 후계자 엘리사		
3	27	모압의 반란		
4	44	엘리사가 기적을 행함, 수넴 여인의 아들을 살림		
5	27	나아만이 고침을 받음		
6	33	엘리사가 물에 빠진 도끼를 건짐		
7	20	포위망이 뚫림		

역대상 (29장)	저자	에스라	기록시기	B.C. 550년경
	대상	이스라엘 백성	기록장소	바벨론 포로지
	내용	포로기 이후에 기록된 이스라엘 역사로서 아담으로부터 다윗까지의 역사를 긍정적인 관점으로 기술한 책. 역대상·하는 성전에 대한 강조가 특히 두드러짐		

장	절수	개 요
1	54	아담에서 아브라함까지의 족보
2	55	유다 지파의 자손
3	24	다윗의 자손
4	43	유다의 다른 자손, 시므온의 자손
5	26	르우벤, 갓, 므낫세 동쪽 반의 자손
6	81	레위 지파의 자손, 성전 연주자들
7	40	잇사갈, 베냐민, 납달리, 므낫세, 에브라임의 자손
8	40	베냐민 지파 사울의 족보
9	44	예루살렘으로 돌아온 사람들
10	14	사울이 자살함
11	47	다윗이 이스라엘의 왕이 됨, 예루살렘 정복
12	40	다윗을 도운 용사들
13	14	법궤를 가져옴
14	17	다윗의 집과 자녀들, 다윗이 블레셋을 무찌름
15	29	예루살렘으로 돌아온 법궤, 다윗의 춤
16	43	다윗의 감사의 시
17	27	하나님께서 다윗에게 약속하심, 다윗의 기도
18	17	다윗이 승리함, 다윗의 신하들
19	19	다윗이 암몬 사람과 전쟁함
20	8	다윗이 랍바를 정복, 블레셋과 전쟁함

21	30	인구 조사, 여호와의 벌, 다윗의 제사
22	19	성전 건축 준비
23	32	레위 자손의 구분과 임무
24	31	제사장의 조직
25	31	찬양하는 사람들
26	32	문지기, 창고지기의 직무
27	34	군대 조직과 행정 조직
28	21	다윗의 성전건축 계획
29	30	다윗의 기도, 솔로몬이 왕이됨, 다윗이 죽음

역대하 (36장)	저자	에스라	기록시기	B.C. 450년경
	대상	이스라엘 백성	기록장소	유대 땅
	내용	솔로몬으로부터 예루살렘 멸망까지 남유다의 역사를 긍정적 관점에서 서술. 역대상과 더불어 성전의 중요성을 부각하는 책		

장	절수	개 요
1	17	솔로몬이 지혜를 구함
2	18	성전 건축을 준비함
3	17	솔로몬이 성전을 지음
4	22	성전 안의 물건들
5	14	법궤를 성전으로 옮김
6	42	솔로몬이 하나님께 기도함
7	22	솔로몬이 성전을 봉헌함
8	18	솔로몬의 다른 업적들
9	31	스바 여왕이 방문함, 솔로몬의 영화와 죽음
10	19	이스라엘과 유다의 분열

| 36 | 23 | 유다 왕 여호아하스, 시드기야, 예루살렘의 멸망 |

에스라 (10장)	저자	에스라	기록시기	B.C. 444년경
	대상	바벨론에서 귀환한 유대인	기록장소	수복한 유대 땅
	내용	2차 포로 귀환(B.C. 458) 이후 유다에서 진행된 성전 재건과 개혁		
장	절수	개 요		
1	11	고레스 왕이 귀환을 명령함		
2	70	귀환자 명단		
3	13	제단 재건축		
4	24	반대세력과 성전 재건 방해		
5	17	닷드내가 왕에게 글을 올림		
6	22	다리오 왕의 성전재건 명령, 성전 완공과 봉헌		
7	28	에스라가 예루살렘에 옴		
8	36	에스라와 함께 돌아온 족장들의 명단		
9	15	에스라가 기도함		
10	44	백성들이 회개함		

느헤 미야 (13장)	저자	느헤미야	기록시기	B.C. 420년경
	대상	성벽을 재건하는 유대인	기록장소	유대 땅
	내용	3차 포로 귀환(B.C. 444) 이후 느헤미야를 중심으로 진행된 성벽 재건과 각종 개혁		
장	절수	개 요		
1	11	느헤미야가 기도함		
2	20	아닥사스다 왕이 느헤미야를 예루살렘으로 보냄		

3	32	성벽을 쌓은 사람들
4	23	반대에 부딪침
5	19	느헤미야가 가난한 사람들을 도움
6	19	또 다른 반대에 부딪힘, 성벽 건축을 마침
7	73	돌아온 포로들의 명단
8	18	에스라가 율법을 낭독함
9	38	이스라엘 백성들이 죄를 고백함
10	39	백성들이 서약함
11	36	예루살렘에 살게 된 사람들
12	47	제사장들과 레위인들
13	31	느헤미야가 여러 가지 개혁을 함

에스더 (10장)	저자	미상	기록시기	B.C. 440년경
	대상	이스라엘 백성	기록장소	바사(페르시아)
	내용	모르드개와 그의 조카 에스더를 통해 바사 제국 전역의 유대인들을 보호하신 하나님의 섭리에 관한 이야기		
장	절수	개 요		
1	22	와스디 왕비가 폐위됨		
2	23	에스더가 왕비가 됨, 반역 음모를 밝혀낸 모르드개		
3	15	하만이 유다 사람들을 몰살하려 함		
4	17	에스더가 왕 앞에 나갈 것을 약속함		
5	14	에스더가 왕과 하만을 잔치에 초대함		
6	14	왕이 모르드개를 칭찬함		
7	10	하만이 나무에 매달림		
8	17	왕이 유다 사람들을 위해 칙령을 선포함		

9	32	유다 사람들이 승리함, 부림절
10	3	모르드개가 칭송을 받음

욥기 (42장)	저자	미상	기록시기	미상
	대상	이스라엘 백성	기록장소	미상
	내용	'어디서 지혜를 발견할 수 있는가?'라는 중요한 문제를 다루는 동시에 의인의 고난과 하나님의 공의에 대한 문제로 치열하게 고민하는 이야기		

장	절수	개 요
1	22	욥이 받은 첫 번째 시험
2	13	욥이 두 번째 시험을 받음, 욥의 세 친구
3	26	욥이 하소연함
4	21	엘리바스가 대답함
5	27	엘리바스의 정죄
6	30	욥이 대답함
7	21	고통과 고난에 대한 욥의 생각
8	22	빌닷이 대답함
9	35	욥이 말함
10	22	욥의 항변
11	20	소발이 말함
12	25	욥이 대답함
13	28	친구들에 대한 욥의 분개
14	22	욥의 한탄
15	35	엘리바스가 말함
16	22	욥이 대답함

42	17	욥이 대답함, 에필로그

시편 (150장)	저자	다윗, 모세 등	기록시기	B.C. 1400~B.C. 450
	대상	이스라엘 백성	기록장소	고대 이스라엘
	내용	포로기 후기 유대교의 '찬송집'으로 사용된 매우 다양한 시. 5권 150편으로 구성 [1권(1~41편), 2권(42~72편), 3권(73~89편), 4권(90~106편), 5권(107~150편)]		

장	절수	개　　요
1	6	의인의 길과 악인의 길
2	12	하나님이 세우신 왕
3	8	고난에서의 간구(다윗, 압살롬에게 피신하며)
4	8	고난 중에 누리는 기쁨(다윗의 시)
5	12	악인으로부터의 보호 간구(다윗의 시)
6	10	징계에 자비를 요청(다윗의 시)
7	17	무죄한 자의 기도(다윗의 시)
8	9	하나님의 창조를 찬양(다윗의 시)
9	20	승리에 대한 감사 찬양(다윗의 시)
10	18	악인의 심판을 구하는 기도
11	7	여호와에 대한 신뢰(다윗의 시)
12	8	타락함에 대한 도움을 구함(다윗의 시)
13	6	오랜 환난 가운데 드리는 기도(다윗의 시)
14	7	어리석은 무신론자(다윗의 시)
15	5	주의 성산에 거할 자(다윗의 시)
16	11	주를 신뢰하는 자의 기쁨(다윗의 시)
17	15	보호를 구하는 사람의 기도(다윗의 시)

143	12	상한 심령의 호소(다윗의 시)
144	15	거룩한 백성이 받을 복(다윗의 시)
145	21	주의 이름을 송축하리이다(다윗의 시)
146	10	내 영혼아 여호와를 찬양하라
147	20	이스라엘의 회복자이신 하나님
148	14	천지만물이 주를 찬양
149	9	성도들의 찬양
150	6	호흡이 있는 자마다 찬양하라

잠언 (31장)	저자	솔로몬 외 다수	기록시기	B.C. 950~B.C. 700
	대상	이스라엘 백성	기록장소	예루살렘
	내용	지혜를 찬양하고 어리석음을 경계하는 일련의 시들과 솔로몬을 필두로 하여 이스라엘에게 지혜를 가르친 지혜자들의 잠언 모음집		

장	절수	개 요
1	33	악을 멀리하고 지혜를 찾으라
2	22	지혜의 가치
3	35	젊은이에게 주는 교훈
4	27	지혜의 중요성
5	23	간음에 대한 경고
6	35	어리석음의 위험성(간음에 대한 경고)
7	27	어리석은 소년의 예(간음에 대한 경고)
8	36	지혜의 탁월함
9	18	지혜있는 자와 어리석은 자
10	32	의인과 악인

전도서 (12장)	저자	솔로몬	기록시기	B.C. 935년경
	대상	이스라엘 백성	기록장소	예루살렘
	내용	인생의 문제들과 씨름하는 지혜 교사의 깊은 통찰들을 제시. 부자와 가난한 자, 지혜있는 자와 어리석은 자를 막론하고 하나님을 경외하지 않는 인간의 삶은 허망함을 보여줌		

장	절수	개요
1	18	인생의 무상함
2	26	쾌락의 덧없음
3	22	하나님 계획의 불변함
4	16	인생의 불평등
5	20	헛된 예배 헛된 재물
6	12	피할 수 없는 인생의 허무
7	29	참 지혜의 가치
8	17	권위에의 복종
9	18	하나님의 지혜를 따르라
10	20	불확실한 삶에 대한 조언
11	10	청년에게 주는 교훈
12	14	여호와를 경외하라

아가 (8장)	저자	솔로몬	기록시기	B.C. 965년경
	대상	이스라엘 백성	기록장소	예루살렘
	내용	여러 편의 에피소드로 이루어진 사랑의 시로서 한 여인과 한 남자의 성적인 사랑을 기림		

장	절수	개요
1	17	사랑에 빠짐, 사랑하는 자를 만남

2	17	사랑하는 자를 노래함	
3	11	사랑으로 연합됨	
4	16	사랑의 고백	
5	16	사랑의 갈등	
6	14	사랑의 고백	
7	13	사랑의 속삭임	
8	14	성숙한 사랑	

이사야 (66장)	저자	이사야	기록시기	B.C. 739~B.C. 680
	대상	남유다 백성	기록장소	예루살렘
	내용	이스라엘 백성을 향한 하나님의 심판과 그에 따른 강력한 회개 촉구. 진노하셔서 심판하실 뿐만 아니라 구원하시고 온전히 회복하시는 하나님의 사랑. 궁극적 메시아에 대한 예언		
장	절수	개 요		
1	31	백성들의 거역, 예루살렘의 범죄		
2	22	다가올 여호와의 날		
3	26	유다와 예루살렘에 임할 형벌		
4	6	예루살렘의 회복		
5	30	포도원의 노래		
6	13	이사야의 소명		
7	25	임마누엘의 표적		
8	22	여호와의 도구 앗수르		
9	21	메시아 탄생의 예언		
10	34	앗수르의 교만, 이스라엘의 남은 자		
11	16	메시아 왕국(이새의 줄기)		

62	12	시온의 미래
63	19	하나님의 심판과 구원, 하나님께 찬양
64	12	도움을 구하는 기도
65	25	거역에 대한 심판 경고
66	24	여호와의 영광 선포

예레미야 (52장)	저자	예레미야	기록시기	B.C. 600년경
	대상	남유다 백성	기록장소	유대 땅
	내용	유다 백성과 주변 나라들에 대한 심판 예언. 회복과 구원을 약속하는 새 언약(30~33장)		
장	**절수**	**개 요**		
1	19	예레미야의 소명		
2	37	유다의 배신		
3	25	유다의 행음, 회개 촉구		
4	31	파멸의 예고		
5	31	유다의 범죄와 하나님의 심판		
6	30	임박한 멸망		
7	34	위선적인 예배에 대한 책망		
8	22	회개치 않는 죄에 대한 형벌		
9	26	유다에 임할 심판		
10	25	무익한 우상 숭배		
11	23	언약을 파기한 유다		
12	17	예레미야의 항변		
13	27	썩은 베띠의 비유		
14	22	가뭄, 기근, 전쟁		

40	16	자유의 몸이 된 예레미야
41	18	살해된 그다랴
42	22	백성들의 애굽 이주와 하나님의 경고
43	13	애굽으로 끌려간 예레미야
44	30	우상 숭배에 대한 경고
45	5	바룩에 대한 예언
46	28	애굽에 대한 예언
47	7	블레셋에 대한 예언
48	47	모압에 대한 예언
49	39	암몬 등 5국에 대한 예언
50	46	바벨론의 패배
51	64	바벨론의 운명
52	34	예루살렘의 함락

예레미야 애가 (6장)	저자	예레미야	기록시기	B.C. 585년경
	대상	남유다 백성	기록장소	바벨론
	내용	예루살렘의 멸망에 관한 애가(哀歌) 다섯 편		
장	**절수**	**개 요**		
1	22	황폐한 예루살렘		
2	22	하나님의 진노		
3	66	비탄에 바진 선지자		
4	22	함락 후의 예루살렘		
5	22	회복을 비는 기도		

에스겔 (48장)	저자	에스겔	기록시기	B.C. 565년경
	대상	바벨론 포로인 이스라엘 백성	기록장소	바벨론
	내용	여호와의 떠나심과 예루살렘의 멸망, 그리고 여호와의 돌아오심과 함께 마침내 실현되는 이스라엘의 회복을 선언하는 일련의 예언들		

장	절수	개요
1	28	에스겔이 본 하나님의 영광
2	10	부름받은 에스겔
3	27	이스라엘에 대한 경고
4	17	심판의 네 가지 상징
5	17	예루살렘 죄악의 결과
6	14	산에 임할 심판
7	27	땅에 임할 심판
8	18	예루살렘에 범람한 죄
9	11	예루살렘 거민의 학살
10	22	성전을 떠난 여호와의 영광
11	25	교만한 지도자들에 대한 심판
12	28	이스라엘 멸망의 상징
13	23	거짓 선지자들에 대한 예언
14	23	우상 숭배자에 대한 예언
15	8	포도나무 비유
16	63	배반한 이스라엘
17	24	독수리와 포도나무 비유
18	32	개인적 범죄와 심판
19	14	방백들의 애가

45	25	거룩한 땅의 구별
46	24	제사에 관한 규례
47	23	성전에서 흐르는 물
48	35	새 땅의 분배

다니엘 (12장)	저자	다니엘	기록시기	B.C. 530년경
	대상	바벨론 포로인 이스라엘 백성	기록장소	바벨론
	내용	하나님께서 바벨론에서 다니엘과 그의 세 친구를 통해 자신을 영화롭게 하시는 과정에 대한 일련의 이야기들과 그 뒤에 이어지는 미래 왕국들과 최종적인 하나님 나라에 대한 네 가지 묵시적 이상들		

장	절수	개 요
1	21	다니엘과 세 친구
2	49	느부갓네살의 꿈
3	30	불가마에서의 구원
4	37	느부갓네살의 두 번째 꿈
5	31	벨사살 왕과 벽의 글
6	28	사자 굴에서 구원된 다니엘
7	28	네 짐승의 환상
8	27	숫양과 숫염소의 환상
9	27	다니엘의 중보기도
10	21	힛데겔 강가의 환상
11	45	열방에 대한 예언
12	13	마지막 때에 대한 예언

호세아 (14장)	저자	호세아	기록시기	B.C. 715년경
	대상	북이스라엘 백성	기록장소	북이스라엘
	내용	북 왕국 이스라엘에 대한 하나님의 유죄 판결(하나님을 아는 지식이 없음)과 그럼에도 불구하고 품어주시고 참으시는 하나님의 사랑		

장	절수	개 요
1	11	호세아의 아내와 자녀들
2	23	회복과 축복의 약속
3	5	고멜을 다시 찾은 호세아
4	19	이스라엘의 우상 숭배
5	15	이스라엘에 대한 심판
6	11	진실한 회개의 촉구
7	16	회개를 거절하는 이스라엘
8	14	고의적인 우상 숭배
9	17	심판에 대한 경고
10	15	이스라엘이 당할 형벌
11	12	결코 이스라엘을 버리지 못하시는 하나님
12	14	계속되는 범죄와 징벌
13	16	이스라엘(에브라임)의 우상 숭배와 패망
14	9	회복에 대한 약속

요엘 (3장)	저자	요엘	기록시기	B.C. 800년경
	대상	남유다 백성	기록장소	남유다
	내용	강력한 메뚜기 재앙을 통해 열방에 임할 심판의 날을 예고하고, 두 번에 걸쳐 회개를 촉구. 회개하는 자들에게 자비와 성령을 약속하시는 하나님		
장	절수	개　　요		
1	20	메뚜기 재앙과 가뭄		
2	32	임박한 여호와의 날		
3	21	이방 민족들에 대한 심판		

아모스 (9장)	저자	아모스	기록시기	B.C. 750년경
	대상	북이스라엘 백성	기록장소	유대 땅
	내용	여호와 하나님은 유례없는 경제적 번영을 누리고 강력한 정치적 힘을 가진 시기에 언약을 지키지 못한 이스라엘에게 심판을 선언하심		
장	절수	개　　요		
1	15	열방에 대한 심판		
2	16	유다와 이스라엘에 대한 심판		
3	15	첫 번째 설교 – 이스라엘의 심판		
4	13	두 번째 설교 – 이스라엘의 죄		
5	27	세 번째 설교 – 이스라엘의 애가		
6	14	안일한 자의 슬픔		
7	17	메뚜기, 불, 다림줄의 환상		
8	14	여름 실과의 환상, 긴박한 심판		
9	15	부서지는 문설주, 미래의 축복		

오바댜 (1장)	저자	오바댜	기록시기	B.C. 586년경
	대상	에돔 족속과 남유다 백성	기록장소	유대 땅
	내용	B.C. 588~586년에 일어난 바벨론의 예루살렘 정복을 자신들 에게 유리하게 이용한 에돔의 멸망에 관한 말씀		
장	절수	개 요		
1	21	에돔에 대한 하나님의 심판		

요나 (4장)	저자	요나	기록시기	B.C. 700년경
	대상	이스라엘 백성	기록장소	이스라엘
	내용	하나님은 순종하기를 꺼리는 한 선지자를 통해 이스라엘이 미워 하는 적국의 도시 니느웨에게 긍휼을 베푸심		
장	절수	개 요		
1	17	요나의 불순종		
2	10	요나의 회개		
3	10	니느웨 심판선언과 참회		
4	11	요나의 불평과 하나님의 자비		

미가 (7장)	저자	미가	기록시기	B.C. 700년경
	대상	이스라엘 백성	기록장소	유대 땅
	내용	우상 숭배와 사회적 불의를 행한 이스라엘과 유다의 멸망과 여 호와의 자비로 말미암은 미래의 소망		
장	절수	개 요		
1	16	사마리아와 유다에 대한 심판		
2	13	심판과 회복		

3	12	지도자들에 대한 심판			
4	13	메시아 왕국의 도래			
5	15	남은 자의 구원			
6	16	여호와의 변론			
7	20	최후의 구원에 대한 약속			

나훔 **(3장)**	저자	나훔	기록시기	B.C. 620년경
	대상	니느웨 사람들	기록장소	유대 땅
	내용	하나님께서 압제와 잔인함과 우상 숭배로 말미암아 니느웨(앗수르)를 심판하실 것이라는 예언을 담고 있으며 니느웨 성의 멸망을 선언하는 것으로 끝남		
장	**절수**	**개 요**		
1	15	니느웨 멸망의 선포		
2	13	니느웨 멸망의 묘사		
3	19	니느웨 멸망의 필연성		

하박국 **(3장)**	저자	하박국	기록시기	B.C. 612년경
	대상	남유다 백성	기록장소	유대 땅
	내용	하박국은 불의의 문제(어떻게 악한 사람들이 벌을 받지 않으며 하나님은 아무 조치를 하지 않는 것처럼 보이는가?)를 가지고 하나님과 대화를 시작하며 결국 하나님을 신뢰할 수 있는 근거를 얻게 됨		
장	**절수**	**개 요**		
1	17	하박국의 항의		
2	20	여호와의 응답		

3	19	하박국의 찬양

스바냐 (3장)	저자	스바냐	기록시기	B.C. 630년경
	대상	유다와 열국들	기록장소	유대 땅
	내용	유다의 남은 자들을 위한 회복의 말씀과 함께 예루살렘(남왕국 유다)과 주변 국가들에게 임할 무서운 심판에 관한 말씀들		

장	절수	개 요
1	18	심판의 선포
2	15	회개의 권고
3	20	여호와의 날에 임할 구원

학개 (2장)	저자	학개	기록시기	B.C. 520년경
	대상	포로에서 귀환한 백성들	기록장소	예루살렘
	내용	성전 재건을 격려하는 네 개의 말씀들		

장	절수	개 요
1	15	성전재건 명령
2	23	새 성전의 영광

스가랴 (14장)	저자	스가랴	기록시기	B.C. 480년경
	대상	이스라엘 백성	기록장소	예루살렘
	내용	성전 재건을 격려하고 승리의 왕이 오실 것을 예언		

장	절수	개 요
1	21	회개의 촉구, 첫째 둘째 환상(붉은 말)

2	13	셋째 환상(측량줄 가진 사람)
3	10	넷째 환상(대제사장)
4	14	다섯째 환상(등대와 감람나무)
5	11	여섯째 일곱째 환상(날아가는 두루마리)
6	15	여덟째 환상(네 병거)
7	14	금식에 대한 문답
8	23	새날에 대한 약속
9	17	열방들에 대한 심판
10	12	메시아 왕국의 축복
11	17	배척받는 메시아
12	14	예루살렘의 승리
13	9	예루살렘의 정결
14	21	메시아의 통치

말라기 (4장)	저자	말라기	기록시기	B.C. 430년경
	대상	이스라엘 백성	기록장소	예루살렘
	내용	하나님께서 백성들과 여섯 번의 변론을 통해 밝힌 심판의 경고와 구속의 약속		
장	절수	개 요		
1	14	이스라엘을 향한 하나님 사랑		
2	17	불충성에 대한 책망		
3	18	불성실한 십일조		
4	6	여호와의 날		

2. 신약 성경

마태 복음 (28장)	저자	마태	기록시기	67년경
	대상	유대인 출신 그리스도인	기록장소	팔레스틴 지역
	내용	예수님 탄생에서부터 이방인을 제자로 삼는 사명을 위임하기까지의 교훈들을 포함한 예수님의 이야기		

장	절수	개 요
1	25	예수님의 족보
2	23	예수님의 탄생과 동방박사의 경배
3	17	세례를 받으심
4	25	시험을 받으심
5	48	산상수훈(여덟 가지 복)
6	34	산상수훈(자선, 기도, 금식, 재물에 대하여)
7	29	산상수훈(판단, 천국에 대하여)
8	34	병 고침, 따르는 자의 각오, 폭풍을 잔잔케 하심
9	38	병든 사람에게 필요한 의사, 추수할 일꾼
10	42	열두 제자의 파송, 전도자의 삶의 원리
11	30	세례 요한, 불신에 대한 경고와 구원의 초청
12	50	바리새인들의 배척
13	58	천국 비유
14	36	세례 요한의 죽음, 오병이어
15	39	사람을 더럽게 하는 것, 많은 기적을 베푸심
16	28	표적에 관한 논쟁, 베드로의 고백, 수난예고
17	27	변화산 사건
18	35	겸손, 다툼, 용서의 교훈

19	30	결혼과 이혼, 부자 청년
20	34	포도원의 삯꾼 비유
21	46	예루살렘 입성, 열매 없는 무화과나무
22	46	혼인 잔치 비유, 바리새인 · 사두개인들과의 변론
23	39	바리새인들의 위선
24	51	성전파괴 예언, 말세와 재림의 예언
25	46	열 처녀 비유, 달란트 비유
26	75	수난의 준비, 겟세마네의 기도, 베드로의 부인
27	66	빌라도의 심문, 십자가에 달리심, 죽음과 장사
28	20	예수님의 부활과 유대인들의 음모, 마지막 명령

마가 복음 (16장)	저자	마가 요한	기록시기	65년경
	대상	로마의 그리스도인	기록장소	로마
	내용	세례받으실 때부터 부활에 이르기까지의 예수님의 이야기. 약 2/3가 예수님의 갈릴리 사역을 서술하였고 나머지 1/3은 예루살렘에서 보낸 예수님의 마지막 한 주를 서술		

장	절수	개 요
1	45	세례 요한의 외침, 세례, 제자 부르심, 병 고침
2	28	죄인과 함께한 예수님, 안식일의 주인 선언
3	35	열두 제자
4	41	하나님 나라의 비유
5	43	돼지 떼, 치유와 소생의 이적
6	56	배척당함, 요한의 죽음, 오병이어, 물 위를 걸으심
7	37	바리새인의 외식, 수로보니게 여인의 믿음
8	38	4천 명을 먹이심, 바리새인의 누룩, 베드로의 고백

9	50	변화산, 귀신 추방
10	52	결혼과 이혼, 재물에 대한 교훈, 죽음의 예고
11	33	예루살렘 입성
12	44	포도원의 비유, 과부의 두 렙돈
13	37	마지막 날에 대한 예언, 재림에 관한 예언
14	72	최후의 만찬, 겟세마네기도, 심문, 베드로의 부인
15	47	빌라도의 판결, 십자가 처형과 장사
16	20	부활, 승천

누가 복음 (24장)	저자	의사 누가	기록시기	67년경
	대상	데오빌로	기록장소	가이사랴
	내용	1세기 당시에 널리 퍼져있던 예수님에 대한 이야기들을 수집하고 정리하여 예수님을 본격적으로 소개하기 위해 쓴 책(데오빌로에게 보낸 서신 형태)		

장	절수	개 요
1	80	세례 요한과 예수님의 출생 예고
2	52	예수님의 탄생과 성장
3	38	세례 요한의 사역, 예수님의 족보
4	44	시험 받으심, 치유 사역
5	39	제자들을 부르심, 병자를 고치심, 마태를 부르심
6	49	안식일의 주인, 12제자, 제자들에 대한 교훈
7	50	백부장의 믿음, 세례 요한, 용서받은 여인
8	56	씨뿌리는 자, 돼지 떼, 혈루병 여인, 회당장 딸
9	62	열두 제자 파송, 오병이어 이적, 변화산
10	42	70제자 파송, 선한 사마리아인, 마리아와 마르다

11	54	기도의 본, 배척당함, 바리새인에 대한 경고
12	59	외식과 탐욕에 대한 교훈, 욕심과 염려
13	35	하나님 나라에 대한 교훈(좁은 문)
14	35	바리새인을 가르침(잔치 상석, 잔치 초대), 제자도
15	32	회개의 비유(잃어버린 양, 동전, 아들)
16	31	지혜로운 청지기 비유, 부자와 나사로
17	37	용서와 감사(문둥병자 열 사람), 재림의 교훈
18	43	기도에 대한 교훈, 영생에 대한 교훈
19	48	삭개오, 열 므나의 비유, 예루살렘 입성
20	47	예수님의 권위에 대한 논쟁, 악한 농부의 비유
21	38	과부의 두 렙돈, 마지막 날에 대한 예언
22	71	음모, 최후의 만찬, 체포, 베드로의 부인
23	56	재판과 선고, 십자가 처형
24	53	부활, 나타나심, 승천

요한 복음 (21장)	저자	사도 요한	기록시기	85년경
	대상	모든 사람	기록장소	에베소
	내용	하나님의 아들이자 하나님 본인이신 예수 그리스도에 대한 신학적 복음서. 성령에 대한 상세한 소개와 생명의 주인이신 하나님의 구원을 예수님의 이야기를 통해 설명하는 것이 특징		
장	절수	개 요		
1	51	하나님 아들의 성육신, 제자들을 선택하심		
2	25	가나의 혼인 잔치(포도주 이적)		
3	36	니고데모와의 대화, 세례 요한과 예수님		
4	54	사마리아의 우물가 여인		

5	47	베데스다 연못가의 이적, 예수님의 신성
6	71	오병이어, 물 위를 걸으심
7	53	형제들의 불신
8	59	간음한 여인, 진정한 아브라함의 후손
9	41	소경을 고치심
10	42	선한 목자, 유대인들에게 배척당하심
11	57	나사로를 살리심, 예수님에 대한 살해 모의
12	50	향유를 부은 마리아, 예루살렘 입성
13	38	발을 씻기심, 새 계명을 주심
14	31	성령이 오실 것을 약속하심
15	27	포도나무의 비유
16	33	보혜사 성령의 약속, 죽음과 부활에 대한 예언
17	26	그리스도의 중보기도
18	40	체포, 심문당하심
19	42	사형선고, 십자가에 달리심
20	31	부활, 의심 많은 도마
21	25	갈릴리 해변의 조찬, 복음 사역의 명령

사도 행전 (28장)	저자	의사 누가	기록시기	67년경
	대상	데오빌로	기록장소	?
	내용	누가가 기록한 예수님에 관한 복음 이야기 2부로 성령의 권능을 통해 복음이 예루살렘에서 로마로 전해지는 과정		
장	**절수**	**개 요**		
1	26	예수님의 마지막 명령과 승천		
2	47	성령의 강림, 베드로의 설교, 교회의 탄생		

28	31	로마에 도착한 바울

로마서 (16장)	저자	바울	기록시기	57년경
	대상	로마교회의 그리스도인	기록장소	고린도
	내용	복음에 대한 바울의 이해를 제시하는 교훈과 권면의 서신. 예수 그리스도를 믿음으로 말미암아 받는 하나님의 의와 성령의 은사에 근거하여 유대인과 이방인이 동일하게 하나님의 백성이 됨		

장	절수	개　　요
1	32	믿음을 통한 구원, 이방인의 죄
2	29	유대인의 죄
3	31	믿음으로 의롭게 됨
4	25	믿음으로 의롭게 된 아브라함
5	21	의의 결과, 아담과 그리스도의 대조
6	23	죄의 종과 의의 종
7	25	율법에서의 해방
8	39	성령
9	33	선택받은 이스라엘
10	21	믿음으로 얻는 구원
11	36	남은 자를 통한 구원
12	21	교회 생활
13	14	사회 생활
14	23	성도의 자유의 한계
15	33	서로 용납하는 사랑
16	27	마지막 문안 인사

고린도전서 (16장)	저자	바울	기록시기	55년경
	대상	고린도 교회	기록장소	에베소
	내용	고린도 교회 성도들이 문의한 행실과 관련한 다양한 문제들에 대한 답신		

장	절수	개　　요
1	31	분쟁의 소식, 능력과 지혜이신 그리스도
2	16	인간의 지혜와 하나님의 지혜
3	23	사람의 일과 하나님의 일
4	21	사도의 교훈
5	13	근친상간의 죄
6	20	성도 간의 소송 문제
7	40	혼인에 대한 권고
8	13	우상에 바쳐졌던 제물
9	27	자유에 대한 바울의 모범
10	33	방종과 우상 숭배에 대한 경고
11	34	무질서한 성찬에 대한 책망
12	31	성령의 은사
13	13	사랑의 은사
14	40	예언과 방언의 은사
15	58	그리스도의 부활, 죽은 자의 부활, 부활의 비밀
16	24	예루살렘 성도를 위한 헌금

고린도후서 (13장)	저자	바울 (디모데 참여)	기록시기	56년경
	대상	고린도 교회	기록장소	빌립보
	내용	고린도 교회와 바울 사이의 악화된 관계를 다루고 그 과정에서 몇 가지 다른 문제들(바울의 사역, 연보, 거짓 선지자들)도 다룸		

장	절수	개 요
1	24	환난 중의 위로
2	17	그리스도의 향기
3	18	새 언약의 일꾼
4	18	질그릇에 담긴 보화
5	21	믿음으로 행함, 그리스도의 사신
6	18	불신자와 연합하지 말 것
7	16	유익한 고난
8	24	마게도냐 성도들의 후한 헌금
9	15	많이 뿌린 자가 많이 거둔다, 헌금의 원리
10	18	자신의 권위에 대한 바울의 확신
11	33	거짓 사도들
12	21	바울의 환상과 육체의 가시
13	13	바울의 마지막 권고

갈라디아서 (6장)	저자	바울	기록시기	47년경
	대상	갈라디아 교회	기록장소	마게도냐
	내용	하나님의 백성이 되기 위해서는 할례를 받아야 한다고 주장하는 일부 그리스도인들(유대인 출신)의 가르침을 강력하게 반박하면서, 믿음과 율법(행위)의 관계 그리고 그리스도인의 자유와 성령을 따르는 삶에 대해 교훈함		

장	절수	개요
1	24	바울의 사도됨의 기원
2	21	바울의 사도됨의 인정
3	29	율법과 믿음
4	31	율법주의에 대한 경계
5	26	그리스도와 자유. 행위가 아닌 믿음으로의 구원
6	18	마지막 경고

에베소서 (6장)	저자	바울	기록시기	62년경
	대상	에베소 교회	기록장소	로마 감옥
	내용	격려와 권면의 서신. 그리스도께서 유대인과 이방인들을 하나님의 백성이 되게 하신 것을 그의 궁극적인 승리와 영광으로 묘사함		

장	절수	개요
1	23	삼위일체의 구속
2	22	옛 생활과 새 생활, 그리스도 안에서 하나됨
3	21	예수 안에서 후사된 자
4	32	그리스도 안에서의 연합, 새로운 삶
5	33	하나님을 기쁘시게 하는 생활, 가정생활의 의무
6	24	그리스도인의 윤리

빌립보서 (4장)	저자	바울	기록시기	62년경
	대상	빌립보 교회	기록장소	로마 감옥
	내용	고난을 당하며 내적인 어려움을 겪고 있는 빌립보의 그리스도인 공동체를 향한 바울의 감사와 격려와 권면을 담은 서신		

장	절수	개 요
1	30	바울의 현재 상황
2	30	그리스도의 마음을 품는 생활, 동역자를 염려
3	21	그리스도를 아는 지식
4	23	마지막 부탁

골로새서 (4장)	저자	바울	기록시기	62년경
	대상	골로새 교회	기록장소	로마 감옥
	내용	자신들이 받은 그리스도의 진리 안에서 계속 살아가도록 격려하고 외부의 종교적 영향에 대해 경각심을 갖게 할 목적으로 믿은 지 얼마 되지 않은 성도들에게 보낸 편지		

장	절수	개 요
1	29	믿음을 칭찬, 믿음의 근거와 순종
2	23	그리스도 안에서의 자유
3	25	성도의 생활 원리(아내, 남편, 자녀, 아비, 종, 상전)
4	18	교제와 문안

데살로니가 전서(5장)	저자	바울	기록시기	52년경
	대상	데살로니가 교회	기록장소	고린도
	내용	극심한 핍박과 고난 속에서도 배운 바 신앙을 잘 지켜내고 있는 어린 교회를 향한 애정 어린 격려와 권면. 그리스도의 재림과 성도의 부활에 대한 소망		

장	절수	개요
1	10	데살로니가 교인의 믿음을 칭찬
2	20	바울의 자기변호
3	13	디모데의 파송
4	18	실생활에 대한 교훈, 종말론적 교훈
5	28	마지막 충고와 인사

데살로니가 후서(3장)	저자	바울	기록시기	52년경
	대상	데살로니가 교회	기록장소	고린도
	내용	고난에 직면한 성도들을 격려하고 주님의 재림에 관련해서 현혹되지 않도록 경고하며 다른 이들에게 의존하지 말고 자기 손으로 일할 것을 권면하는 편지		

장	절수	개요
1	12	박해의 대한 격려
2	17	그리스도의 재림에 대한 훈계
3	18	기도 부탁

디모데전서 (6장)	저자	바울	기록시기	63년경
	대상	디모데	기록장소	로마
	내용	거짓 교사들의 인격과 가르침에 대한 비판. 그들로 인해 위기에 처한 공동체의 여러 가지 문제들에 관한 권면. 디모데를 위한 애정 어린 격려		

장	절수	개 요
1	20	정통 교리의 사수
2	15	중보기도와 여성의 덕
3	16	감독과 집사의 자격
4	16	거짓 교사에 대한 경계
5	25	교회 질서에 대한 권고
6	21	디모데를 향한 권고

디모데후서 (4장)	저자	바울	기록시기	67년경
	대상	디모데	기록장소	로마감옥
	내용	거짓 교사들을 경계하라는 간곡한 호소. 그리스도의 복음에 끝까지 충성하자는 권면. 스스로 하나님의 사람임을 잊지 말라는 격려		

장	절수	개 요
1	18	디모데에게 남기는 권면
2	26	그리스도 안에서 강하라
3	17	가까워진 말세의 징조
4	22	전도에 대한 권면

디도서 (3장)	저자	바울	기록시기	65년경
	대상	디도	기록장소	로마
	내용	장로의 자격과 거짓 교사에 대한 분별. 다양한 사회적 계층을 목양해야 하는 그레데 교회의 디도를 위한 권면		
장	절수	개　　요		
1	16	장로의 임명, 거짓 교사에 대한 경고		
2	15	건전한 생활에 대한 교훈		
3	15	선행에 대한 권면		

빌레몬서 (1장)	저자	바울	기록시기	61년경
	대상	빌레몬	기록장소	로마감옥
	내용	도망친 오네시모라는 종을 용서하고 한 형제를 받아줄 것을 부탁		
장	절수	개　　요		
1	25	오네시모를 위한 부탁		

히브리서 (13장)	저자	미상	기록시기	66년경
	대상	유대인 성도들	기록장소	?
	내용	예수 그리스도의 절대성과 유일성에 대한 신학적 변증. 예수 그리스도의 구원을 구약(제사와 성전)의 맥락에서 이해하도록 설명하며, 믿음으로 살아가는 성도의 삶을 역사적인 관점에서 권면		
장	절수	개　　요		
1	14	그리스도의 위대하심		
2	18	그리스도께서 죽음을 맛보심		
3	19	성도는 하나님의 집		

4	16	믿음으로 얻은 안식	
5	14	대제사장 되신 그리스도, 단단한 음식을 먹어라	
6	20	하나님의 약속과 아브라함	
7	28	멜기세덱과 그리스도	
8	13	새 언약의 중보자이신 그리스도	
9	28	그리스도 희생의 완전성	
10	39	그리스도 희생의 영원성	
11	40	믿음의 본질, 믿음의 조상들	
12	29	그리스도를 바라는 소망의 능력	
13	25	그리스도에 대한 사랑의 능력	

야고보서 (5장)	저자	야고보	기록시기	49년경
	대상	유대인 성도들	기록장소	예루살렘
	내용	고난 중에 참고 견딜 것과 책임 있는 그리스도인의 삶을 강조. 특히 믿음과 생활이 함께 조화를 이루는 삶을 살라고 요청		
장	절수	개 요		
1	27	여러 가지 시험		
2	26	차별금지(사람을 외모로 취하지 말 것)		
3	18	말로 인한 죄		
4	17	세상의 적용		
5	20	부자에 대한 경고, 봉사와 교제의 권면		

베드로전서 (5장)	저자	베드로	기록시기	64년경
	대상	모든 그리스도인	기록장소	로마
	내용	고난 당하는 그리스도인들을 위로하는 서신. 박해자들에 대해 그리스도인답게 대응하는 방법을 가르치며 부르심에 합당한 삶을 살라고 촉구함		

장	절수	개　　　요
1	25	미래의 기쁨과 현재의 시련
2	25	하나님의 소유된 백성, 억울한 종에 대한 권면
3	22	부부에 대한 권면
4	19	고난에 대한 태도
5	14	장로에게 주는 교훈

베드로후서 (3장)	저자	베드로	기록시기	66년경
	대상	모든 그리스도인	기록장소	로마
	내용	서신 형태로 기록된 고별사. 그리스도의 재림을 부정하고 대담하게 죄를 짓는 거짓 교사들을 경계하면서 그리스도인들에게 지속적으로 성장할 것과 끝까지 견딜 것을 촉구함		

장	절수	개　　　요
1	21	그리스도 안에서의 성장
2	22	거짓 교사에 대한 경고
3	18	그릇된 종말론, 재림에 대한 성도의 태도

요한일서 (5장)	저자	요한	기록시기	90년경
	대상	그리스도인	기록장소	에베소
	내용	1세기 후반, 가장 강력한 이단 세력이었던 영지주의의 사상들을 반박하면서 참 하나님이자 동시에 참 인간이인 예수 그리스도를 경험적으로 증거. 교회를 향한 예수님의 궁극적 명령인 '서로 사랑'을 강조		

장	절수	개　　　요
1	10	빛 되신 하나님
2	29	세상을 사랑하지 말 것
3	24	하나님의 자녀와 사랑
4	21	서로 사랑하라
5	21	세상을 이기는 믿음

요한이서 (1장)	저자	요한	기록시기	90년경
	대상	그리스도인	기록장소	에베소
	내용	그리스도의 성육신을 부정하는 거짓 교사들에 대한 경고		

장	절수	개　　　요
1	13	진리 안에서 행함, 거짓 교사에 대한 경계

요한삼서 (1장)	저자	요한	기록시기	90년경
	대상	가이오	기록장소	에베소
	내용	가이오에게 보낸 편지. 특별히 사역자들을 환대해야 할 그리스도인의 의무에 대한 내용		

장	절수	개　　　요
1	15	가이오에 대한 칭찬, 디오드레베에 대한 책망

유다서 (1장)	저자	유다	기록시기	80년경
	대상	모든 그리스도인	기록장소	?
	내용	교회 안에 몰래 들어온 일부 거짓 교사들에 대한 강력한 경고		

장	절수	개 요
1	25	거짓 교사에 대한 질책

요한 계시록 (22장)	저자	요한	기록시기	96년경
	대상	핍박받는 성도들	기록장소	밧모섬
	내용	묵시 문학적 문체로 기록한 서신으로서, 1세기 후반 당시로부터 향후 2백 년 이상 지속될 로마의 박해 앞에서 교회가 승리할 것을 예언하며 격려. 그리스도의 재림으로 말미암은 세상의 종말에 대한 장엄한 묵시		

장	절수	개 요
1	20	그리스도의 재림에 대한 계시
2	29	에베소, 서머나, 버가모, 두아디라 교회에 보내는 말씀
3	22	사데, 빌라델비아, 라오디게아 교회에 보내는 말씀
4	11	하나님의 보좌
5	14	어린 양과 두루마리
6	17	일곱 봉인
7	17	인치심을 받은 14만 4천 명
8	13	일곱째 봉인과 나팔
9	21	무저갱, 네 천사
10	11	하나님의 계획이 실현됨
11	19	두 증인과 일곱째 나팔
12	17	여자와 아이

참고 자료

[성경]
- 「The NIV Study Bible」, Zondervan, 1995.
- 「관주·해설 성경전서」, 대한성서공회, 2011.
- 「우리말 성경」, 두란노, 2017.
- 「큐티 라이프 성경」, 기독지혜사, 1991.
- 「통독성경」, 아가페, 2017.
- 「현대인의 성경」, 생명의말씀사, 2002.

[단행본]
- Christopher Hudson, 「한눈에 보는 성경 인물, 지리, 사건」, 이기연 역, 선한청지기, 2016.
- Gordon D. Fee, Douglas Stuart, 「책별로 성경을 어떻게 읽을 것인가」, 길성남 역, 성서유니온선교회, 2008.
- Henrietta C. Mears, 「그림으로 읽는 핵심 성경」, 강선규 역, 두란노, 2014.
- Hubert L. Dreyfus, Sean Dorrance Kelly, 「모든 것은 빛난다」, 김동규 역, 사월의책, 2013.
- Ian Crofton, Jeremy Black, 「빅뱅에서 인류의 미래까지 빅 히스토리」, 이정민 역, 생각정거장, 2017.
- John Edward Williams, 「아우구스투스」, 조영학 역, 구픽, 2016.
- John E. Goldingay, 「성경을 만나다」, 손승우 역, 성서유니온선교회, 2019.
- John Hirst, 「세상에서 가장 짧은 세계사」, 김종원 역, 위즈덤하우스, 2017.
- Rose Book ed., 「차트와 지도로 보는 성경」, 조미나 역, 꿈을이루는사람들, 2009.
- Simon Jenkins, 「성경과 함께 보는 지도」, 박현덕 역, 목회자료사, 1990.
- Timothy Jones, 「하루만에 꿰뚫는 기독교 역사」, 배응준 역, 규장, 2007.

- 김양재, 「큐티하는 자는 복이있나니」, 두란노, 2006.
- 김종두, 「세계선교발달사」, 생명의말씀사, 1994.
- 박재용, 「인포그래픽 성경」, 북카라반, 2018.

- 류모세, 『열린다 성경』, 두란노, 2010.
- 윤종하, 『성경묵상과 우리의 구원』, 모리아출판사, 1993.
- 이애실, 『어? 성경이 읽어지네』, 두란노, 2003.
- 조병호, 『성경과 5대 제국』, 통독원, 2011.
- 주해홍, 『90일 성경일독 통큰통독』, 두란노, 2012.
- 하용조, 『큐티하면 행복해집니다』, 두란노, 2008.
- 홍기춘(피터 홍), 『1%만 더 Go Again』, 북앤미, 2014.
- 황진훈 · 양소영, 『성경가이드 72』, 샘솟는기쁨, 2015.

[자료 · 교재]
- '말씀의 손', 네비게이토 다이어리, 2018.
- '빌립보서' · '이사야서', 온누리교회 OBC 교재, 두란노.
- '주제별 성경 암송 60구절'(TMS 60), 네비게이토.
- '하나님과 7분간'(로버트 포스터), 네비게이토 브로셔.

[인터넷 사이트]
- 성경
    - 관주성경, www.sihong.pe.kr
    - 다국어성경, www.holybible.or.kr
- 성경 관련 자료(그림, 도표 등)
    - naver blog tardes : blog.naver.net/tardes
    - daum blog julygirl : blog.daum.net/julygirl
- 성경 공부(개인 성경 공부 등)
    - 광야교회, www.kwangya.or.kr

[신문기사]
- '지난해 어떤 성경 말씀이 삶에 힘이 되셨나요', 국민일보 (2017년 1월 15일) / 'The favorite Bible verses of 88 nations', Christianity Today (2017년 1월 10일)
- '빅뱅 뒤 급팽창 : 138억 년 전 우주 탄생의 증거 찾아', 동아일보 (2017년 3월 19일) / "Harvard–Smithsonian Scientists have the 'First Direct Evidence of Cosmic inflation'", The Atlantic (2017년 3월 17일)